파리 역사기행

지하철 타고
시간여행을 떠난다

METRONOME
illustré

파리 역사기행

로랑 도이치 Lorànt Deutsch 지음
이훈범 옮김

중앙books
JoongAng Ilbo

차례

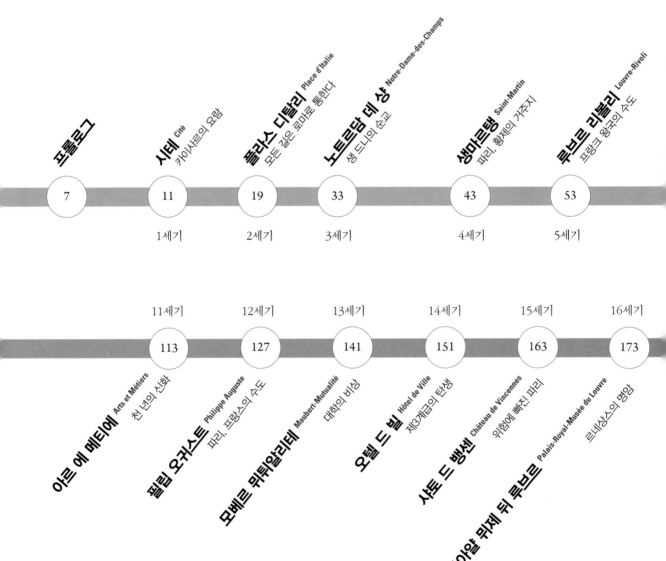
일러두기
이 책에서 거리명 Boulevard는 '대로', Rue는 '거리', Avenue는 '가街'로 표기했습니다.

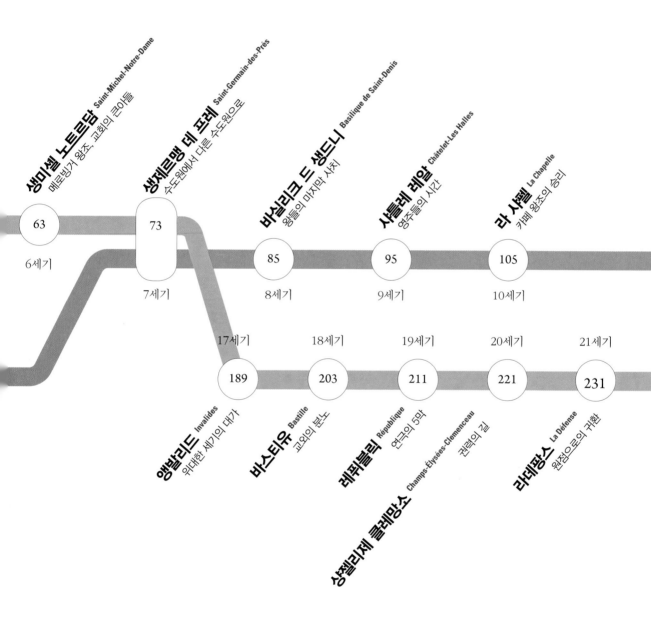

생미셸 노트르담 Saint-Michel-Notre-Dame
메로빙거 왕조, 교회의 코아들

63

6세기

73

7세기

생제르맹 데 프레 Saint-Germain-des-Prés
수도원에서 다른 수도원으로

바실리크 드 생드니 Basilique de Saint-Denis
왕들의 마지막 처지

85

8세기

샤틀레 레알 Châtelet-Les Halles
영주들의 시간

95

9세기

라 샤펠 La Chapelle
카페 왕조의 승리

105

10세기

17세기

189

앵발리드 Invalides
위대한 세기의 대가

18세기

203

바스티유 Bastille
교외의 분노

19세기

211

레퓌블릭 République
연극의 5막

샹젤리제 클레망소 Champs-Élysées-Clemenceau
권력의 길

20세기

221

라데팡스 La Défense
원점으로의 귀환

21세기

231

루브르 궁전의 옛 동종 발굴 당시 발견된
샤를 6세의 의전용 투구.
지금은 루브르 박물관 지하 납골당에 전시되어 있다.

때때로 파리의 역사는 크게 우회한다. 『파리지앙 이야기』를 소개하기 위해 나는 파리를 떠나 북쪽에서 남쪽까지 프랑스 전역을 돌아다녔다.

낭트의 한 서점에서 열린 토론회에서 젊은 여성 이사벨이 물었다. "파리를 잘 모르거나 다른 곳에 사는 사람들은 어쩌나요?" 잊혀진 탑이나 숨겨진 성벽, 혹은 주차장 아래 감추어진 파리 최초의 성당에 대해 상세한 설명을 해달라고 부탁하는 사람들도 있었다.

프랑스의 운명을 수없이 바꿔놓았던 파리를 탐험한 이야기를 했으니 이제 독자를 위해 이 흥미로운 연대기의 흔적들, 즉 프랑스를 만들어온 21개 세기의 유물을 눈으로 보여줄 때가 된 것 같다.

나는 『파리 역사기행』에서 그 발자취를 안내하려고 한다. 유물과 흔적의 주소를 전한다. 오랜 시간 파리의 온갖 비밀을 드러내고, 신비를 일깨우기 위해 고심했다. 내 임무는 우리가 영원히 묻혀 있다고 여기는 과거에서 지금도 발견할 수 있는 것들을 독자들이 쉽게 찾도록 돕는 것이다.

어릴 적 친구 시릴 르누뱅은 흥미진진한 삽화로 시대에 따라 다양하게 변모해온 파리의 모습을 보여주었다. 사진작가 그렉 수상은 모든 탐사여행을 나와 함께 했다. 디지털 도어록이 길을 막을 때마다, 그의 섬세한 사진이 숨겨진 진실을 꿰뚫어 볼 수 있도록 돕는다.

그렇다. 역사는 거리 곳곳에 여전히 살아 있다. 역사는 우리에게 말을 건네며 우리를 부르고 있다. 이제 낡은 건물의 벽면을 어루만지면서 과거의 부름에 대답할 수 있다. 사람들은 잊었어도 돌들은 고스란히 기억을 간직하고 있기 때문이다.

Basilique de Saint-Denis
바실리크 드 생드니

08

21
La Défense
라데팡스

10
La Chapelle
라 샤펠

생마르탱
Saint-Martin

04

19
République
레퓌블릭

샤틀레 레알
Châtelet- Les Halles

20
Champs-Élysées-
Clemenceau
샹젤리제 클레망소

16
Palais-Royal-
Musée du Louvre
팔레 루아얄 뮈제 뒤 루브르

11
Arts et Métiers
아르 에 메티에

12
Philippe Augus⁻
필립 오귀스트

17
Invalides
앵발리드

05
Louvre-Rivoli
루브르 리볼리

09

14
Hôtel de Ville
오텔 드 빌

07
Saint-Germain-
des-Prés
생제르맹 데 프레

01
Cité 시테

18
Bastille
바스티유

06
Saint-Michel-Notre-Dame
생미셸 노트르담

03
노트르담 데 샹
Notre-Dame-des-Champs

13
Maubert-Mutualité
모베르 뮈튀알리테

02
Place d'Italie
플라스 디탈리

07 생제르맹 데 프레

15 Château de Vincennes 샤토 드 뱅센

지하철역

시테

카이사르의 요람

프랑스인들의 조상 골루아^{Gaulois}! 프랑스인들은 상투적으로 오랜 시간 이 말을 들어왔다. 하지만 골루아는 정작 나폴레옹 3세 때가 되어서야 비로소 프랑스인들의 '공식' 조상으로 인정받았다. 이 프랑스 황제는 율리우스 카이사르와 로마 제국을, 프랑스를 잉태한 갈로로망^{Gallo-Roman} 문명(로마화된 골 문명 – 옮긴이)의 창시자로 보았다. 이전까지는 프랑스 역사의 기원을 496년 첫 번째 기독교 군주인 클로비스의 세례로 여겼다.

문명의 기원이 이처럼 이념적 논쟁에 따라 바뀌고 해석하기에 따라 달라진다면, 이와 같은 설왕설래 속에서 소중한 파리의 출발점을 찾을 필요가 없을지 모른다.

수세기 동안 역사가들은 최초의 골루아 마을이 시테 섬에 있었다는 말을 되풀이해왔다. 하지만 아무리 시테 섬을 발굴해도 카이사르가 『갈리아 전기』에서 언급한 고대 로마의 요새 도시^{Oppidum}의 어떠한 흔적도 발견할 수 없었다. 파리의 근원에 대한 생각은 2003년에 바뀌었다. 외곽순환도로인 A86 고속도로 공사 중 낭테르(파리 북서쪽의 위성도시 – 옮긴이)에서 골 족의 주거지역 유적이 발견되었다. 집과 길, 우물, 항구, 무덤까지 모든 것이 있었다. 일대의 센 강이 활처럼 크게 휘어 있기 때문에 그 사이의 땅인 낭테르가 카이사르의 눈에는 섬처럼 보였을 것이다.

로마 침략자들과의 전쟁을 준비하면서 파리지^{Parisii}(기원전부터 파리 일대에 살던 골 족의 한 부족 – 옮긴이)들은 수도를 불태웠다. 이후 수도는 다른 곳에 재건되었다. 센 강 가운데 얇은 혀처럼 생긴 섬, 바로 시테 말이다.

따라서 파리는 결코 순수한 골루아의 도시가 아니었다. 기원전 52년 파리가 처음 만들어질 때부터 골루아 토착민과 로마 정복자들이 섞인 도시였다. 카이사르의 골 정복으로 북쪽과 남쪽, 켈트 족과 로마인의 문화적 융합체가 창출되었다. 그것이 프랑스 역사의 출발점이라는 것이 내 생각이다.

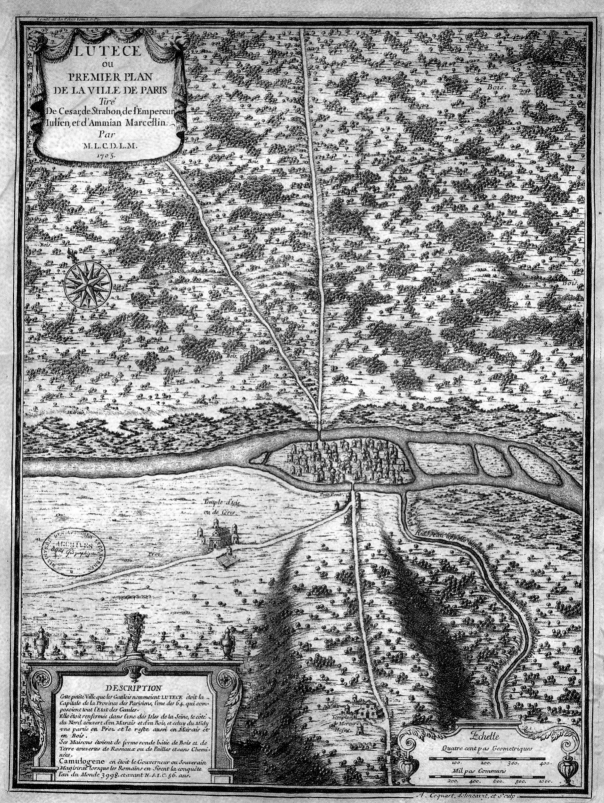

뤼테스, 파리의 초창기 지도.

루브르 박물관이나 카르나발레 박물관(세비녜 23번지)으로
옮겨진 유적을 제외하고 역사적으로 상징적인 장소와
유적이 남아 있는 곳은 지도상 원래의 자리나 이전된 장소에 표시했다.

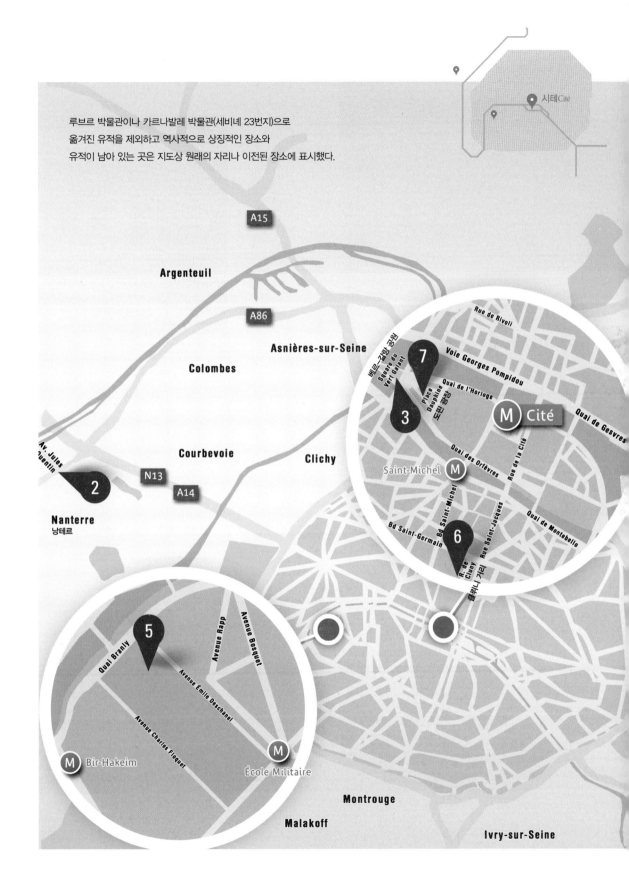

① 파리는 왜 뤼테스인가?

쥬느빌리에(파리 북부의 소도시– 옮긴이)에 있는 센 강 유역의 고리 모양 지대에 도로와 장인지구, 거주지, 항구가 있는 도시가 건설되었다. 골루아들은 그들의 도시를 근처의 늪지대를 암시하는 '뤼코테시아'라고 불렀다. 카이사르는 진흙을 뜻하는 라틴어 '루툼Lutum'과 늪을 뜻하는 골루아 언어 '루토Luto'와 비슷한 '루테시아Lutecia'라고 이름 붙였다. 즉 파리의 옛 지명인 '뤼테스Lutèce'는 늪에서 생긴 도시라는 뜻이다.

③ 골루아로 내려가다

기원전 52년에 재건된 갈로로망 도시를 보고 싶은가? 그렇다면 베르–갈랑 공원에서 만나자. 골루아 부족 중 하나인 파리지 시대의 고도로 가려면 7m쯤 내려가야 한다. 2000년 동안 지표가 7m 높아졌기 때문이다. 조금 떨어진 노트르담 성당 앞 광장 지하 납골당에서 1세기에 만들어진 갈로로망 초기의 부두 흔적을 볼 수 있다.

② 뤼코테시아의 유물

앞서 말했듯이 A86 고속도로 공사에서 도자기, 부엌살림, 갑옷 그리고 보석과 같은 골루아 마을의 유물이 발견됐다. 2008년 낭테르에서 석 달 동안 전시됐던 진짜 보물이다. 그 후에는? 더 이상 아무것도 없다. 유물은 신중하게 옮겨지고, 정리되고, 보존되었다. 초기 파리의 흔적들은 잘 분류되어 서랍 속에서 잠자고 있다. 그 누구도 사람들이 즐길 기회를 선사할 생각을 하지 않는다. 사진 속 유물은 덮개로 고이 덮여 잘 보호되고 있다.

⑥ 에펠탑에 묻힌 조상

기원전 52년 로마인이 파리지의 영토를 침략해 골루아 마을을 파괴했다. 최후의 대결은 센 강 기슭의 가라넬라 평원에서 벌어졌다. 파리지 최후의 전사들은 패배했다. 로마인들은 전투가 벌어졌던 평원을 전쟁의 땅이라고 불렀다. 오랜 시간이 흐른 뒤 이 자리에 에펠탑이 세워졌다. 마치 그 전사들을 추모하기 위한 봉분인 양.

④ 하나의 기둥에 새긴 여러 신들

기원전 1세기에 시테 섬은 이미 지상의 권한과 천상의 힘을 나타내는 상징물들이 밀접하게 연결되어 있었다. 서쪽엔 로마 권력의 터전인 요새화된 성이, 동쪽에는 파리지들이 종교의식을 거행하는 장소가 있었다. 센 강을 운항하는 뱃사공조합의 회원들은 파리지가 종교적 건물을 지을 때 기둥을 헌납했다. 약 5m 정도 높이에 4층으로 구성되었으며 로마 신과 골루아 신이 모두 새겨져 있었다. 기둥은 제우스와 14~37년 재위한 티베리우스 황제를 위해 헌정한 것이다. 1711년 노트르담 성당의 성가대석 보수공사 당시 발견되어 현재 클뤼니 박물관에 전시된다.

⑤ 베르시의 배

나뭇가지를 엮어 길게 만든 작은 배가 파리지의 운송수단이었다. 신석기 시대(기원전 5000년)의 첫 유적은 베르시 마을에서 발견된 카누와 같았다. 현재 카르나발레 박물관이 소장하고 있다.

⑦ 파리는 여인

초현실주의 작가 앙드레 브르통은 소설 『나쟈Nadja』에서 파리를 직설적으로 표현했다. '시테 섬에 있는 삼각형 모양의 도핀 광장은 몽상적인 도시의 음부가 될 것이다. 도시의 모든 것이 태어난 자궁으로 수도 파리의 모태이다.'

플라스 디탈리

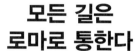

모든 길은
로마로 통한다

플라스 디탈리(이탈리아 광장) 역으로 내려가면 로마 정복자의 발자취를 따르는 긴 여정의 첫 발자국을 떼게 된다.

큰 교차로였던 이곳은 뤼테스를 빠져나가거나 로마로 향하려면 꼭 지나야 하는 길이었다. 분주히 오가는 자동차는 잠시 잊고, 밀을 실은 수레의 삐걱거림과 로마 병사나 골루아 여행자의 발걸음에 귀를 기울여 보자.

사실 모두 꿈이다. 단지 광장의 이름만이 오늘날 이 자리가 리옹을 거쳐 멀리 로마제국의 수도까지 이르는 '로마 길Via Romana'이었음을 떠올리게 한다. 물론 이곳은 뤼테스의 초기 거주자들이 다시 모여들었던 센 강 기슭에서 멀리 떨어져 있다.

그러나 새로운 문명을 향한 도시의 개막은 바로 여기서 비롯되었다. 이곳에 발을 들여놓은 뒤부터 골루아들은 남쪽을 바라보기 시작했다.

2세기에 뤼테스에 도착한 로마인들이 다니던 길을 따라가 보자. 디탈리 가街를 내려와 플라스 디탈리를 건너, 고블랭 가街를 따라 플라스 생메다르까지 가 보자. 바로 그곳에서 몽스 세타리우스Mons Cetarius, 즉 '물고기의 산'이 시작된다. 무프타르 거리를 따라 올라갈 수 있다.

생트 쥬느비에브 산(고대 파리 남부에 있던 언덕- 옮긴이)의 정상에 오른 여행자들은 공중목욕탕과 포럼, 원형극장이 있는 로마풍 도시의 전경을 한눈에 볼 수 있었다.

갈로로망 뤼테스 복원도.

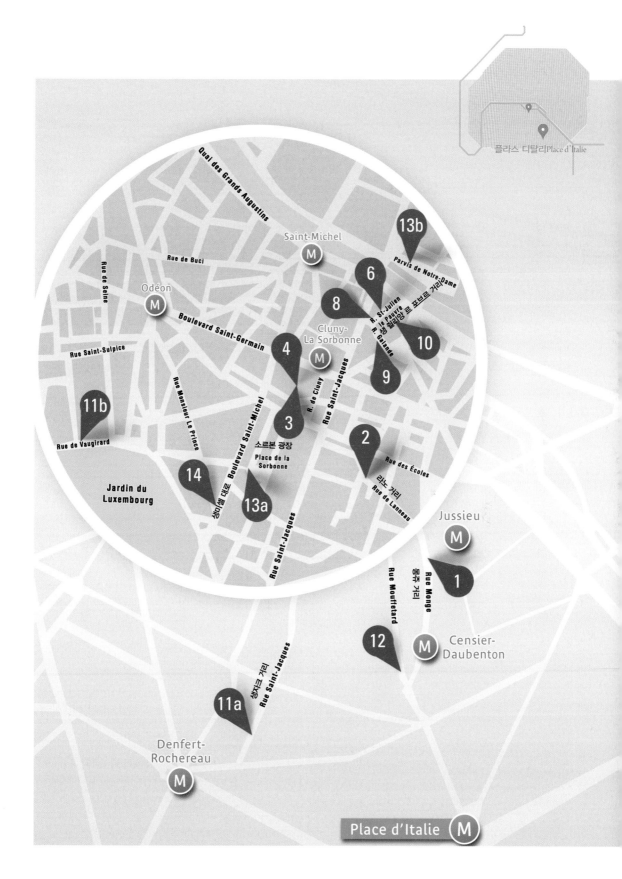

현재 파리지앵들은 이곳에서 공놀이를 하며 여가를 즐긴다.

뤼테스의 아레나 복원도.

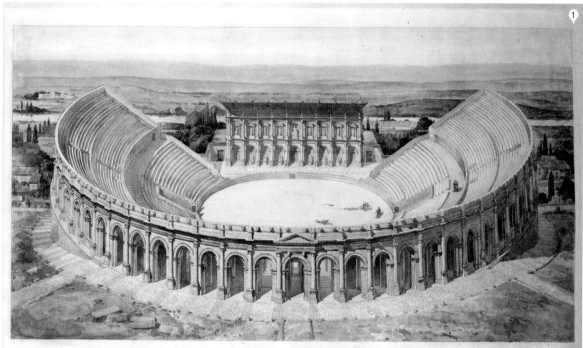

ARÈNES DE LVTÈCE
RECONSTITVTION

1 아레나 원형극장의 귀환

뤼테스의 원형극장은 280년 야만족의 침입 때 파괴되었다. 유물은 땅에 묻혔고 1860년까지 사람들의 기억 속에서 잊혀졌다. 땅을 파던 인부가 지하의 옛 석공 작업장에 빠지면서 원형극장의 실체가 드러났다. 재개발 광풍으로 파괴될 뻔했으나 빅토르 위고의 힘으로 아레나는 일부분이나마 살아남을 수 있었다. 1896년 이전을 마치고 일반에 공개되었다. 아레나 원형극장은 2.5m 높이의 벽으로 둘러싸여 있다.

길이 41m가 넘는 극장의 무대는 연극 공연과 검투사들의 싸움을 번갈아 할 수 있도록 돼 있었다. 1만5000석의 아치형 계단식 좌석을 갖춘. 골 전체에서 가장 아름답고 화려한 원형극장이었다. (몽쥬 49번지)

2 파리에서 가장 오래된 지하실

라탱 지구의 상징적인 레스토랑 '쿠프슈 Le Coupe-Chou'에 잠깐 들러 보자. 말만 잘 하면 반달처럼 굽은 모양의 지하실에 들어갈 수 있게 해줄 것이다. 파리에서 가장 오래된 지하실이다. 원래는 2세기의 로마식 공중목욕탕이었다. 공사 중 갈로로망의 수영장과 온수 도관처럼 귀중한 유물들이 함께 발견됐다. (라노 9, 11번지)

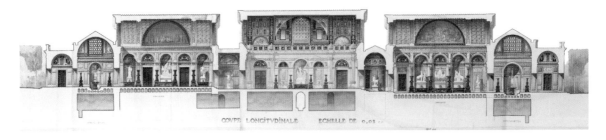

CALDARIVM   TEPIDARIVM   CELLA   MEDIA   CELLA   TEPIDARIA   CALDARIVM

COVPE LONGITVDINALE   ECHELLE DE 0.02

③ 최고의 인기를 누렸던 공중목욕탕

세기 말 로마화된 뤼테스에서 가장 중요한 건축물은 클뤼니의 공중목
욕탕이었다. 모두에게 개방된 목욕탕으로 휴식과 여가의 공간, 만남의
장소 그리고 위생시설 역할을 했다. 시민의 복지를 위해 만든 것으로
모자이크와 대리석, 그리고 바다를 연상시키는 프레스코화들이 벽을
장식했다. 가벼운 운동을 마친 뒤 미지근한 방인 '테피다리움'에서 시
작해 뜨거운 방 '칼다리움', 차가운 방 '프리지다리움'을 거쳐 휴식의
방으로 나와 지인들과 담소를 즐겼다. (폴 팽레브 광장 6번지)

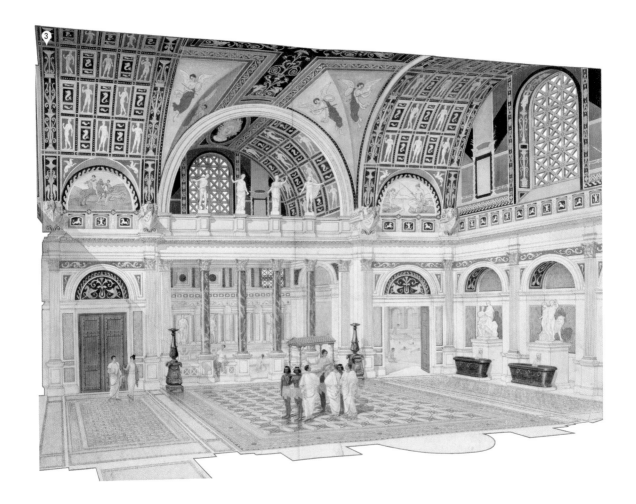

4 골루아의 서명

공중목욕탕은 확실히 로마의 영향을 받았지만 파리지들도 건설에 참여했다. '프리지다리움'에 상품과 무기를 실은 배의 모습을 그린 장식이 있다. 당시 위세 넘쳤던 뱃사공조합이 공사에 참여했음을 알 수 있다. 강상 교역을 지배했던 조합원들은 고급 건축물을 지을 때 생기는 이익을 로마인들이 독차지하도록 내버려두지 않았다.

5 창고 속 수도교

로마인들은 물을 공급받기 위해 남쪽으로 약 20km 떨어진 곳에 저수지를 만들었다. 완만한 경사의 수도교를 통해 물이 도시까지 전달됐다. 수도교의 흔적은 카르나발레 박물관의 저장 창고에 경건하게 보관되어 있다. (프랑수아 트뤼포 1번지)

7 작은 다리

로마식 뤼테스에서 가장 중요한 도로는 '카르도 막시무스'였다. 그것은 로마인 거주지였던 센 강둑 일대의 '높은 마을'을 가로지른 뒤 센 강의 작은 다리를 통해 골루아 거주지였던 시테 섬의 '낮은 마을'로 이어졌다. 나무로 만든 최초의 로마식 다리는 기적적으로 강바닥에서 발견되었다. 카르나발레 박물관의 저장 창고에서 볼 수 있다. (프랑수아 트뤼포 1번지)

6 마지막 포석

과거 뤼테스의 신작로를 포장했던 로마의 포석은 모두 사라졌다. 오직 하나만 빼고! '비아 로마나'와 센 강에서 언덕으로 올라가는 길 사이 교차로에 있던 생쥘리앙 르 포브르 교회 앞에 포석 하나가 놓여 있다. 오래된 우물의 가장자리 돌 바로 뒤에도 포석을 찾아볼 수 있다. 파리에서 가장 오래된 도로의 흔적이다. (생쥘리앙 르 포브르 1번지)

🔖 최초의 교차로

생자크 거리는 과거 교통의 중심지였다. 바로 파리와 로마를 잇는 도로인 비아 로마나와 스페인의 성지인 산티아고 데 콤포스텔라로 향하는 길이 교차하는 곳이었다.

🔖 오래된 현판

생자크 거리에서 몇 미터 떨어진 갈랑드 42번지의 작은 부조를 놓치지 말아야 한다. 이 작품은 예수를 배에 태우고 강을 건너는 수도사 생 쥘리앙을 묘사하고 있다. 생쥘리앙 르 포브르 교회의 주인인 그는 귀스타브 플로베르의 콩트 소재로도 쓰였던 전설의 주인공이기도 하다. 쥘리앙은 자신도 모르게 부모를 살해하고 참회의 뜻으로 뱃사공으로 봉사하는 삶을 살기로 결심한다. 어느 날 한 나병 환자가 찾아와 강을 건너게 해달라고 청한다. 쥘리앙은 나병 환자에게 자신의 침대를 내주고 돌본다. 기적이 일어났고 쥘리앙은 성인이 된다. 나병 환자가 다름 아닌 예수였던 것! 이 14세기 부조는 파리에서 가장 오래된 현판으로 많이 훼손되었다. 하지만 안심하시길. 그것은 모조품일 뿐, 진짜는 루브르 박물관에 있다.

⑩ 오래된 아카시아 나무

생쥘리앙 르 포브르 교회 바로 옆 비아니 공원으로 발길을 옮겨 보자. 파리에서 가장 오래된 아카시아 나무가 있다. 북미산으로 1602년에 조경사인 장 로뱅이 심었는데, 자신의 이름을 따 '로비니에'라고 불렀다.

⑪ 카르도의 가마

카르도 막시무스는 뤼테스를 출입하는 대로였다. 오늘날의 생자크 거리다. 센 강 오른편으로는 생마르탱 거리로 이어진다. 생자크 254번지에는 오늘날까지 기적적으로 남은 도기 장인의 가마가 있다. 그곳에서 그리 멀지 않은 보지라르 36번지의 마당에서 다른 로마식 가마가 우리를 기다린다. 뤽상부르 공원 근처에서 발견되어 이리로 옮겨졌다.

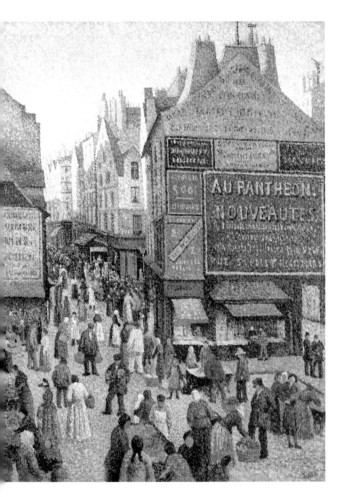

12

무프타르 오르기

로마에서 온 시민들은 오늘날 무프타르 거리를 올라 생트 쥬느비에브 산 정상에 도착했다. 뤼테스 전망이 한눈에 들어온다.

⑬ 숨어 있는 우물

둥지 하나가 소르본 광장 연못의 대칭을 깨뜨린다. 로마 저택 두 곳의 오래된 우물의 흔적이다. 진부한 현대식 분수와 철망으로 막아놓은 구멍을 보면서 우물을 떠올리려면 상상력을 꽤나 발휘해야 한다. 로마식 주택의 유적은 노트르담 성당 앞 광장의 지하 납골당에 전시돼 있다.

⑭ 포럼에서 장보기

도시의 진원지인 포럼은 현재 소르본 대학 근처의 생미셸 대로 주변에 있었다. 주랑(기둥이 있는 긴 복도)으로 둘러싸인 광장이었다. 지붕이 있는 갤러리 양쪽으로 담벼락이 펼쳐지고 갤러리 밑으로 가게들이 줄지어 있었다. 뤼테스 시민들은 이곳에서 방향제와 올리브 기름, 브로치를 사곤 했다. 포럼은 오늘날 지하주차장 입구에서 보이는 담벼락 일부를 제외하고는 아무것도 남아 있지 않다. (생미셸 대로 61번지)

노트르담 데 샹

생 드니의 순교

노트르담 데 샹 역에서 우리는 희미한 기독교 전설 속으로 들어갈 수 있다. 샹(들판)은 더 이상 없다. 이 일대를 지칭하는 이름이 된 노트르담 데 샹 교회(몽파르나스 대로 92bis 번지) 역시 과거의 초록빛 추억에 대한 기억을 갖고 있지 않다. 로마 스타일의 건물은 단지 제2 제정 말기의 부르주아들을 열광시킨 신앙으로 지어졌다. 3세기 중반에 뤼테스는 중요한 도시로 자리매김했다. 적어도 로마 교황청에서 선교사를 파견할 정도로 격상되었다.

이탈리아에 디오니시우스(프랑스식 이름은 드니)라는 정열적인 주교가 있었다. 황제는 그에게 골루아를 개종시키라는 임무를 내렸다. 드니Saint-Denis는 사제들과 함께 250년 뤼테스에 들어왔다. 박해를 피해 도시 외곽의 버려진 채석장에서 설교를 했다. 뤼테스의 초창기에는 예배가 불법이었으므로 지하 납골당에서 은밀히 행해졌다.

이교도의 시대에 황제는 숭배의 대상이었다. 황제를 숭배하지 않는 기독교들은 처형됐다. 결국 드니는 도시의 가장 높은 언덕에서 목이 잘렸다. 순교자의 산을 오늘날 우리는 몽마르트르Montmartre(몽마르티르, 즉 '순교자의 산'에서 유래했다 – 옮긴이)라 부른다. 드니는 자신의 머리를 손에 들고 6km를 걸은 뒤 쓰러졌다. 그가 쓰러진 성스러운 자리에 생드니 성당이 세워졌다.

설교하는 생 드니와 개종한 뒤 우상을 파괴하는 파리 시민들.

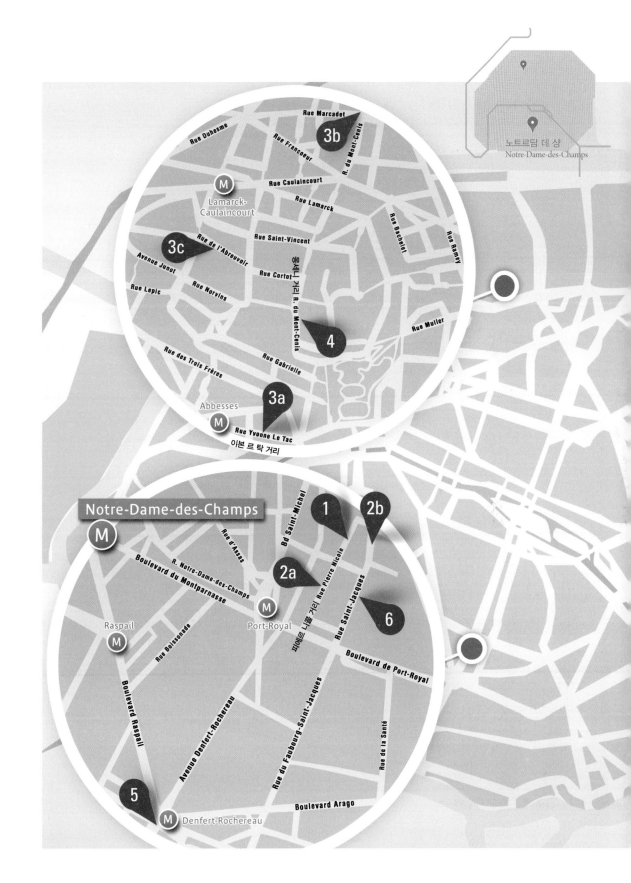

Rue Marcadet

3b

Rue Duhesme

Rue Francoeur

R. du Mont-Cenis

Rue Caulaincourt

M

Lamarck-
Caulaincourt

Rue Lamarck

Rue Bachelet

Rue Ramey

3c

Rue de l'Abreuvoir

Rue Saint-Vincent

Avenue Junot

Rue Cortot

옹세니 거리 R. du Mont-Cenis

Rue Lepic

Rue Norvins

Rue Muller

4

Rue des Trois Frères

Rue Gabrielle

3a

Abbesses

M

Rue Yvonne Le Tac

이본 르 탁 거리

Notre-Dame-des-Champs

M

Bd Saint-Michel

1

2b

Rue d'Assas

R. Notre-Dame-des-Champs

Boulevard du Montparnasse

2a

Rue Pierre Nicole

피에르 니콜 거리

Rue Saint-Jacques

M

Port-Royal

6

Raspail

M

Rue Boissonade

Boulevard de Port-Royal

Boulevard Raspail

Avenue Denfert-Rochereau

Rue du Faubourg-Saint-Jacques

Rue de la Santé

5

Boulevard Arago

M Denfert-Rochereau

📍 파리 최초의 성당

생 드니가 파리 최초의 주교였으므로 그가 설교했던 비밀 교회를 파리 최초의 성당이라 말할 수 있다. 지하철역에서 나와 노트르담 데 샹거리를 거슬러 오른 뒤 생미셸 대로를 건너면 성당을 찾을 수 있다. 피에르 니콜 14bis 번지의 지하주차장으로 내려가 보자. 바닥에 비밀의 문이 있다. 계단을 내려가면 옛날의 작업장에 이른다. 궁륭은 19세기에 보강과 보수를 거쳤지만 아주 오래된 증거가 남아 있다. 긴 복도가 제단까지 이어지고 제단 위에 생 드니의 입상이 있다.

묘석 아래 1220년 죽은 생 레지날드가 잠들어 있다. 생 드니는 성 처녀의 헌신을 보고 성직자의 길을 걷기로 결심했다.

❷ 흩어진 수도원 유적들

비밀의 교회 자리에 7세기 예배당이 세워졌다. 100년 뒤 교회로 바뀌었으며 12세기에는 수도원이 되었다. 17세기에는 그 자리에 노트르담 데 샹의 카르멜 수녀원이 들어섰다. 1802년 새로운 수도원이 세워졌다가 1908년 없어졌다. 오늘날 이 자리에는 다양한 흔적들이 남아 있다. 지하주차장의 지하 예배당 외에 돌 벽과 원화창(꽃을 조각한 창)의 잔재들이 피에르 니콜 14bis 번지의 정원 안에서 모습을 드러낸다. 피에르 니콜 37번지의 개인 정원에 폐쇄된 작은 예배당이 있다. 17세기에 만들어진 카르멜 수녀원의 돌문도 생자크 284번지의 건물 1층 가게 안에 어색한 모습으로 끼여 있다.

③ 생 드니의 추억

혁명적인 종교를 포교했다는 혐의로 생 드니는 뤼테스의 언덕(몽마르트르)에서 참수됐다. 그가 목이 잘린 곳은 이본 르 탁 11번지 근처다. 마르티리움 교회는 성자의 순교를 떠올리게 한다. 곧바로 기적이 일어났다. 생 드니는 자신의 잘린 머리를 들고 한참을 걸었다. 그는 오늘날 몽세니 거리를 따라 언덕을 내려왔는데 그 길 63번지, 마르카데 거리와 만나는 곳에서 작은 탑을 볼 수 있다. 바로 몽마르트르에서 가장 오래된 15세기 건축물이다. 그는 아브뢰부아 거리로 방향을 틀어 지라르동 광장의 분수에서 머리를 씻었다. 주교의 석상이 우리에게 그때의 상황을 일깨워준다. 생 드니는 다시 머리를 들고 6km를 걸었다. 그가 묻힌 자리에 오늘날 생드니 성당이 있다.

④ 메르쿠리우스 신전

생 피에르 드 몽마르트르 교회(몽세니 2번지)에 들어가 보자. 심하게
훼손된 대리석 기둥 네 개가 있다. 1800년 전 세워졌던 메르쿠리우스
신전의 마지막 유적이다. 기둥들은 생 드니가 지나가는 모습을 지켜
봤을 것이다.

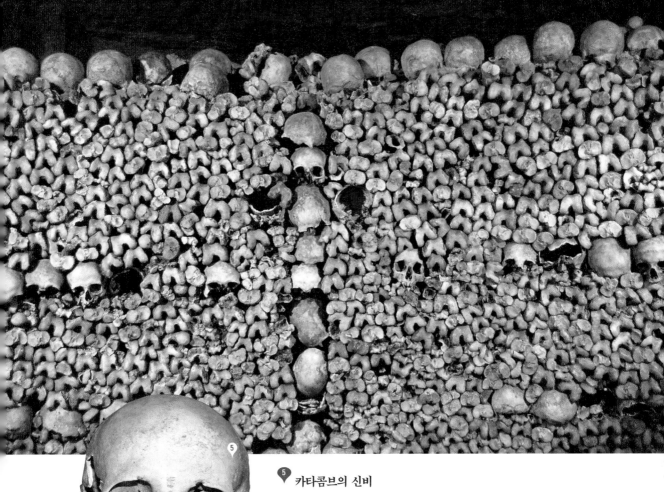

⑤ 카타콤브의 신비

초기 기독교도들의 영혼을 찾아보려면 카타콤브에 가면 된다. 생 드니 시대의 지하 공동묘지는 카르도 막시무스 아래 있었으며 작업장이었다. 우리의 호기심을 채워주는 공동묘지는 1785년에 만들어져 개방되었다. 당시 도시의 변두리였던 그곳에 수도의 교회에서 오는 유골을 모아두었다. 600만 명의 유골이 잠들어 있다. 인상적이지만 좀 음울한 방문이 될 것이다. (플라스 당페르 로슈로 1번지)

⑥ 무덤의 영지

옛날에는 카타콤브를 공식적으로 '무덤의 영지'라고 불렀다. 생자크 163bis 번지의 벽에 그 약자 'FDT'가 새겨진 돌이 있다.

생마르탱

파리,
황제의 거주지

생마르탱 역은 더 이상 지하철역이 아니다. 1939년 문을 닫았다. 오늘날 역사驛舍는 불우한 사람들을 위한 보호시설로 운영된다. 우연인지 운명인지, 골 지역의 사도인 생 마르탱은 어려운 자들을 돕는 데 일생을 바쳤다.

마르탱은 군인이던 시절 아미앵(프랑스 북서부 도시 – 옮긴이) 성문 앞에서 구걸하는 거지에게 자신의 망토를 반으로 잘라 주었다. 다음날 그 망토를 두른 예수가 나타났다.

그 후 투르 대주교가 된 마르탱은 385년 초겨울 파리에 도착했다. 그가 로마 북로를 걸어 파리에 들어설 때 신도들이 옷을 만져보기 위해 몰려들었다. 주교는 일그러진 얼굴의 나병 환자를 보았고 곧 불쌍한 사람에게 다가가 몸을 숙여 뭉개진 뺨에 키스를 했다. 다음날 아침 사람들은 기적을 보았다. 어제까지만 해도 초췌했던 환자의 얼굴이 부드럽게 빛나고 있었던 것이다.

이 기적은 파리 시민을 신앙으로 인도하는 역사적인 사건이 됐고, 빛나는 전설로 남았다. 이후 생 마르탱은 기독교 승리의 증인이 된다. 그가 나병 환자를 치유한 자리에 예배당이 세워졌다가 나중에 수도원으로 바뀌었다. 현대의 파리는 성인의 추억을 지우지 않았다. 그가 기적을 일으켰던 로마 북로가 오늘날의 생마르탱 거리다.

카페 왕조의 첫 왕인 위그 카페도 생 마르탱의 이름을 빌렸다. 그는 투르의 세속 수도원장이 됐는데, 그 수도원은 유명한 생 마르탱의 망토를 보존하고 있다.

PLAN
de
PARIS
et de ses Environs
au temps de
JULIEN.

과거의 생마르탱 역.

생마르탱 Saint-Martin

2 (M) Saint-Martin

Châtelet (M)

Avenue Victoria

Bd de Sébastopol

Rue de Rivoli

Voie Georges Pompidou

Rue Saint-Martin

(M)
Hôtel
de Ville

Quai de l'Horloge

6

Quai de Gesvres

Rue de Harlay

Cité (M)

Quai de la Corse

5

3a

라 콜롱브 가

Boulevard du Palais

Quai des Orfèvres

3b

R. de la Colombe

3c

Rue d'Arcole

Rue Chanoinesse

(M)
Saint-Michel

Rue de la Cité

Rue du Cloître Notre-Dame

Parvis de
Notre-Dame

① 파리가 된 뤼테스

3세기 말부터 뤼테스는 로마 주민들이 외면해 골루아들의 도시가 된
다. 그때부터 점점 뤼테스라는 이름 역시 쓰지 않게 된다. 첫 번째 증
거는 307년의 로마 경계석이다. 1877년 발견된 경계석에는 뤼테스
란 이름 대신 '시비타스 파리시오룸Civitas Parisiorum', 즉 파리지의 도시
라고 써 있다. 뤼테스에서 파리가 태동한 것이다. 메로빙거 왕조 시대
때 석관 장식물로 다시 쓰였던 이 돌은 현재 카르나발레 박물관에 전
시되어 있다.

② 과거의 축

385년 겨울 생 마르탱이 나병 환자를
치료한 길이 오늘날 생마르탱 거리다.
당시에는 로마 북로였는데 센 강 오른
편의 주요 축이었다.

③

노트르담 성당 광장의 지하 납골당에도 기적적으로 보존된 성벽의 잔해가 남아 있다.

바로 옆에 있는 포석은 4세기 도로 포장 기술을 보여준다.

📍 도시의 성벽

3세기 말부터 파리지의 도시는 시테 섬에 집중되기 시작했다. 파리를 둘러싼 강물이 보호막 역할을 하고 있었지만 성벽을 건설해 방어를 강화했다. 모든 사람이 성벽을 세우는 데 동의했다. 집과 무덤, 유적에서 장식물과 벽돌을 떼어 성벽을 쌓는 데 썼다. 성벽은 섬을 감싸고 항구에 맞닿아 있었다. 성벽 꼭대기가 둑 위로 넘나들면서 어떠한 수상한 움직임도 놓치지 않았다. 뤼테스가 방어 태세를 갖추었다. 라 콜롱브 6번지에는 성벽의 두께를 짐작할 수 있는 흔적이 남아 있다.

오토바이 순찰대가 차지하고 있는 샤누아네스 18, 20번지에서 우리는 갈로로망 성벽의 또 다른 잔해를 만나게 된다. 기묘하게 튀어나온 돌은 시간을 초월해 오늘날까지 '백정의 돌'이라 불린다. 그 이유는 곧 알게 될 것이다.

📍 파리의 첫 번째 산책자

로마의 콘스탄티누스 황제 체제 아래 부황제였던 율리아누스는 파리를 사랑했다. 358년 1월 이후, 두 번의 군사 원정 때를 제외하고 그는 자신이 선택한 수도에 거처했다. 부황제는 파리에 대한 열정을 글로 쓰느라 여러 날 밤을 새우기도 했다. 그는 센 강에서 삶과 순수함의 근원을 보았다. '강은 아주 편안하고, 마실 수 있을 만큼 깨끗한 물을 제공한다. 그래서 사람들은 섬에 산다.' 율리아누스는 파리의 모든 것을 사랑했다. 단 '골루아들의 천박함과 겨울의 혹독한 추위' 만 빼고.

🅢 황제의 거주지

시테 섬의 뾰족한 끝부분에 로마식 빌라 한 채가 성벽처럼 들어섰고 몇 겹으로 겹친 토가를 입은 최상류층 로마 시민들이 모였다. 이 권력의 중심부 옆에 행정을 위한 건물들이 지어졌다. 부황제 아래 원로원 의원과 집행관들이 모여 엄격한 계급사회를 구성했다. 북쪽으로는 골과 브르타뉴, 남쪽으로는 에스파냐를 다스리는 집정관, 재무관, 시종장, 군사지휘관, 비서관들이 빌라를 드나들었다. 율리아누스의 빌라는 현재 남아 있지 않다. 하지만 그 장소는 수세기를 거쳐 왕궁으로 남았다. 오늘날에는 파리 최고재판소가 자리 잡았다. 시테 섬 대부분의 건물처럼 이 건물도 19세기 후반에 지어졌다.

📍⑥ 궁전의 탑들

센 강과 닿아 있는 네 개의 탑은 생각보다 오래되었다. 첫
번째 각진 탑은 '시계탑'이라 불린다. 1371년 샤를 5세가
파리 시민들에게 하사한 파리 최초의 공용 시계가 붙어 있
다. 그 다음은 '카이사르의 탑'(궁전이 로마 것이었다는 사
실을 알려주는 현대식 작명)과 '은 탑'(왕의 부유함을 상징)
이다. 마지막은 '수다쟁이의 탑'인데 탑 안에 수다쟁이처럼
입을 열게 만드는 고문실이 있었기 때문이다.

루브르 리볼리

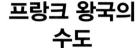

프랑크 왕국의
수도

루브르 리볼리 역에서 일본인 단체관광객이나 출퇴근하는 스타일리시한 여비서들만 만날 수 있다고 생각하면 오산이다. 그곳에는 아시리아 부조, 파라오 두상, 르네상스 시대의 요정이 있다. 옛 왕궁 자리를 차지하고 있는 박물관 측이 내세운 모조품이다.

우리는 시간을 거슬러 올라가는 타임머신인 지하철을 타고 로마 시대를 떠나 5세기 프랑크 왕국의 시대로 들어간다. 프랑크 왕국은 센 강의 오른편을 발전시켰으며 새로운 파리를 창조했다.

투르네 지방을 통치하던 프랑크 왕 실데릭은 파리를 차지하기로 마음먹는다. 476년 용병들과 함께 센 강 유역으로 진격한 그는 파리로 통하는 모든 길을 막아 파리 시민을 기아에 허덕이게 한다.

'결국 파리 놈들은 항복하고 말 것이다.'

이 웃기는 전쟁은 10년 동안 계속 되었다.

실데릭은 시테 섬 바로 앞 강 오른편에 높은 감시탑을 세운다. 프랑크 말로 '로에버Loewer'라는 탑에 올라 왕은 파리의 동태를 감시한다. 로에버에서 오늘날의 '루브르'가 탄생했다.

실데릭이 죽은 뒤 아들 클로비스가 아버지의 과업을 완성했다. 그는 왕국을 골 북부 전체로 확대했으며 502년 파리를 수도로 삼았다.

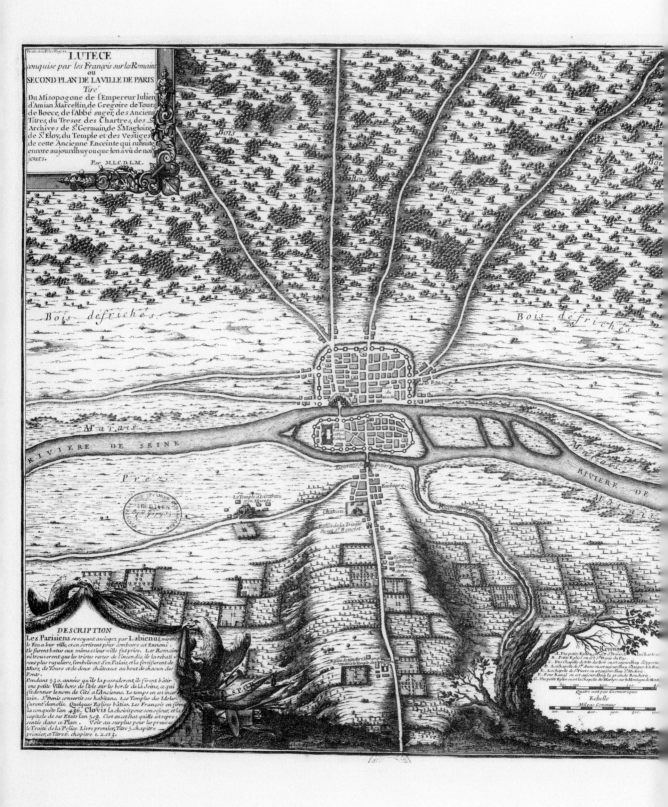

루브르 리볼리 Louvre - Rivoli

Palais-Royal-
Musée du Louvre

Rue Saint-Honoré

Rue de Rivoli

Place du Carrousel

Cour Napoléon

R. du Louvre

Louvre-Rivoli

R. de l'Amiral Coligny

Cour Carrée

1

2

Voie Georges Pompidou

Quai François Mitterrand

6

Pont des Arts

8

Rue Monge

클로비스 거리 Rue Clovis

Jussieu

R. Clotilde

Cardinal-
Lemoine

Rue Saint-Jacques

7

Rue d'Ulm

Rue Mouffetard

Rue Monge

R. Geoffroy Saint-Hilaire

Rue Brossolette

Rue Buffon

Rue Claude Bernard

Rue du Fer à Moulin

5

라 콜레지알 거리
R. de la Collégiale

Boulevard Saint-Marcel

Bd de Port-Royal

les Gobelins

● 원조 루브르의 돌

루브르의 원초적 기능은 자신의 배 속에서 발견된다. 몇 개의 흔적이 남아 있지만 5세기 왕 실데릭까지 거슬러 올라가지는 않는다. 즉 12세기 때 프랑스 왕이었던 필립 오귀스트 시대의 유산이다. 루브르의 지하 납골당에 들어가면 성벽과 동종의 기초, 그리고 옛 요새의 탑들의 흔적을 발견할 수 있다.

샤를 5세 때의
루브르.

● 동종의 자취

루브르의 사각형 중정 안으로 들어가서 레스코 날개 쪽에서 만나자.
바닥에 있는 우물 모양의 유적은 옛날 동종이 있던 자리를 의미한다.
요새는 현재 루브르 규모의 4분의 1이 되지 않았다.

루브르 동종, 즉 봉건 권력의 기초다.

📍③ 괴물을 진압한 생 마르셀

5세기 초로 다시 가보자. 이번에는 고블랭 교차로의 생마르셀 대로 쪽으로 걸음을 옮겨 본다. 포위된 파리 주민들은 힘들었지만 굳건한 믿음을 가지고 일상적인 생활을 이어가고 있었다. 그런데 당시의 늪지대는 여러 동물이 들끓었다. 이제는 사라진 센 강의 지류인 비에브르 강의 갯벌에서 커다란 도마뱀 한 마리가 나와 사람들은 깜짝 놀랐다. 모두가 도마뱀을 불길한 짐승이라 여겼다. 마르셀 주교는 진정한 신의 힘을 사람들에게 보여주려고 도마뱀 머리를 지팡이로 두 번 세게 쳤다. 그러자 도마뱀은 용이 되었다. 436년 생 마르셀은 죽은 뒤 자신이 기적을 보인 장소에 묻혔다. 그곳에 작은 제단이 있는 예배당이 세워졌다. 추종자들은 존경하는 성자 옆에 묻히길 원했다. 묘지가 점점 늘어나면서 초기 기독교도의 공동묘지가 되었다. 파리에 있는 골 지역 최초의 기독교 공동묘지다.

마지막 무덤들 ④

생마르셀 공동묘지는 16세기 말까지 운영되었다. 이후 그 일대가 개발되어 문을 닫았다. 1873년 위대한 고고학자 테오도르 바케르는 많은 무덤을 발굴했다. 그 묘석들은 오늘날 카르나발레 박물관에 전시돼 있다.

⑤ 생마르셀 마을

늪지에 세운 예배당은 생마르셀 마을을 탄생시켰다. 오늘날 마을의 흔적은 하나도 남아 있지 않지만 상상해볼 수는 있다. 작은 길이 큰 대로로 향한다. 그 길이 라 콜레지알 거리인데 예배당 근처에 있던 교회의 이름이다. (대혁명 때까지 남아 있었다) 대로와 만나는 지점이 마을의 종교적 중심지였던 콜레지알 광장이 있던 자리다. 그 길을 다시 올라가면 왼쪽으로 프티 무안 거리가 있다. 이름만 봐도 콜레지알(참 사회 교회)의 무안(수도사)들이 오가던 거리라는 것을 알 수 있다.

1844년 당시의 콜레지알 광장.
오른쪽으로 교회의 흔적이 보인다.

부주교와 분노에 찬 파리 시민들이 만난 자리에 세워진 생제르맹 록세루아 교회. (루브르 광장 2번지)

라 르브르섹 거리 쪽의 교회 뒷벽에 수선화와 함께 새겨진 생 제르맹의 약자 S와 G는 기적적으로 혁명의 불길을 피했다.

📍 부주교와 성녀

451년, 훈 족 아틸라가 파리를 위협한다. 모든 사람이 공포에 떨 때, 쥬느비에브Genoveva라는 처녀만이 냉정을 유지하고 사람들에게 외친다.
'다른 마을로 달아나서 어쩌겠다는 거예요? 그곳에 가면 야만족의 손아귀로부터 벗어날 수 있나요? 예수님이 우리를 학살로부터 보호하실 거예요.'
흥분한 사람들은 쥬느비에브를 우물에 던져버리려고 했다. 그때 옥세르의 부주교가 마을로 들어왔다. 그는 사람들에게 쥬느비에브가 예수의 선택을 받았다는 제르맹 대주교의 유언을 전했다.

현존하는 건물 중 가장 오래된 것이 17세기에 불과하다. 하지만 고고학자들이 프레트르 생제르맹 록세루아 거리에서 메로빙거 왕조 때의 무덤을 발굴했다.

몽스 루코티티우스의 쥬느비에브

502년 성녀 쥬느비에브는 몽스 루코티티우스(훗날의 생트 쥬느비에브 산)의 교회에 묻혔다. 그 종루가 남아 있다. 앙리 4세 고등학교의 담에 있는데 '클로비스 탑'이라 불린다. 이것은 최초의 프랑크 기독교 왕이 세운 교회의 가장 오래된 흔적(11세기에 만들어진 토대)이다. 그녀의 무덤은 고등학교의 현관문 밑에 있었다. (클로비스 23번지)

성녀의 석관

생트 쥬느비에브의 유해가 담긴 석관은 대혁명의 분노를 피했다. 1802년 되찾은 석관은 생테티엔 뒤몽 교회(생트 쥬느비에브 광장)로 옮겨졌다. 현재 유물은 금속 망토로 덮여 있다.

생미셸 노트르담

메로빙거 왕조,
교회의 큰아들

생미셸 노트르담 RER(수도권 고속지하철) 역에서 나오면 노트르담 성당 광장에 이른다. 6세기에는 로마의 평화를 기독교의 평화가 물려받았다. 이 자리에 응장한 기념물인 생테티엔 성당이 세워졌다. 길이 70m, 폭 36m에 5개의 홀을 가진 왕국 최대의 교회로 세례당과 작은 교회들이 모여 있는 종교 지구의 중심이었다.

제르맹 주교의 본거지가 여기였다. 관대한 성직자였던 그는 거리의 빈자들에게 끊임없이 은혜를 베풀었고 기적을 행사했다. 신자들의 믿음을 굳건히 하기 위해 그는 병자를 치유하고 악령을 쫓고, 죽은 자를 살려냈다.

1160년 모리스 드 쉴리 파리 주교는 이 자리에 새로운 성당을 건설하기로 결정한다. 옛 성당이 70m였다면 새로운 건축물은 120m였다. 공사 규모는 어마어마했고 기간도 107년이나 걸렸다. 수세기를 지나면서 성당은 대대적으로 보수됐고 오늘날까지 서 있는 행운을 누리게 되었다. 격동적인 역사의 흐름은 성당의 존재를 쉽게 위협했다. 19세기 초에 성당을 파괴하려는 움직임이 있었다.

빅토르 위고는 소설 『노트르담의 꼽추』로 사람들의 이성을 회복시켰다. 문학이 성당을 구한 것이다.

노트르담 성당의 탑에서 본 노트르담 광장. 첫 번째 줄에
옛 생테티엔 성당의 입구를 알려주는 흔적을 볼 수 있다.

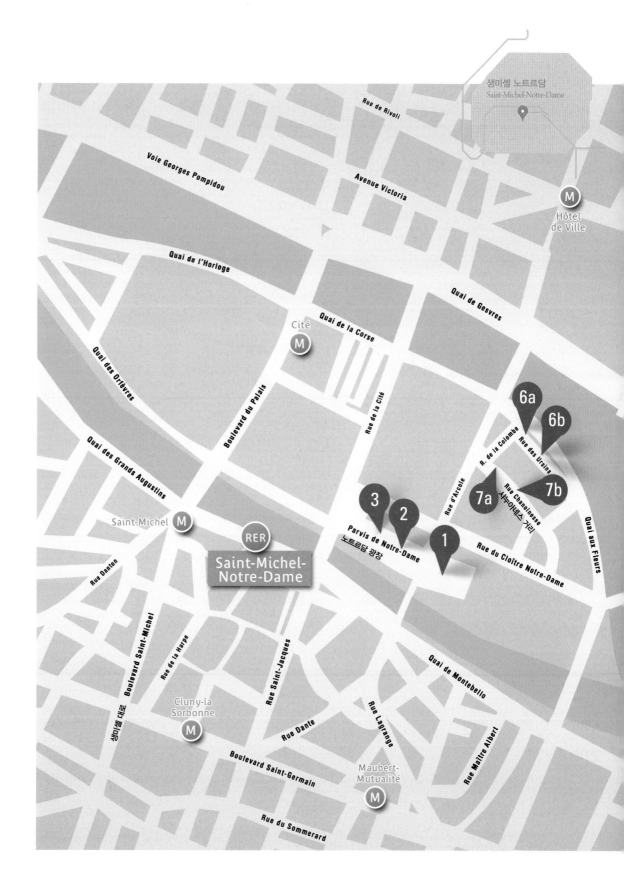

생미셸 노트르담
Saint-Michel-Notre-Dame

M Hôtel de Ville

Rue de Rivoli

Voie Georges Pompidou

Avenue Victoria

Quai de l'Horloge

Quai de Gesvres

Cité M

Quai de la Corse

Quai des Orfèvres

Rue de la Cité

Boulevard du Palais

6a

6b

R. de la Colombe

Rue des Ursins

Quai des Grands Augustins

3

2

1

Rue d'Arcole

7a

Rue Chanoinesse
샤누아네스 거리

7b

Quai aux Fleurs

Saint-Michel M

RER
Saint-Michel-
Notre-Dame

Parvis de Notre-Dame
노트르담 광장

Rue du Cloître Notre-Dame

Rue Danton

Boulevard Saint-Michel

Rue de la Harpe

Rue Saint-Jacques

Quai de Montebello

생미셸 대로

Cluny-la
Sorbonne
M

Rue Dante

Rue Lagrange

Rue Maître Albert

Boulevard Saint-Germain

Maubert-
Mutualité
M

Rue du Sommerard

1 비스코르네의 비밀

파리의 장인 비스코르네가 성당의 정문 금속장식과 자물쇠 장치 설계를 맡았다. 불후의 명작을 만들기 위해 그는 악마에게 영혼을 팔았다. 악의 정령이 그를 도왔다. 성수가 있어야만 열쇠는 작동했다. 비스코르네는 작업을 완성하고 얼마 후 죽어 비밀을 무덤까지 가져갔다. 당시의 금속 작업은 오늘날과 상당히 차이가 나 전문가조차 작동 방식을 설명하지 못한다. 그 자물쇠는 지금도 정문에 있지만 19세기에 다시 만들어진 것이다. 진품은 대혁명 때 파괴됐다.

도로의 시발점 2

노트르담 광장에는 프랑스 내 모든 도로의 시발점이 있다. 그 자리에 유서 깊은 기둥이 있었다. 죄인들은 형벌을 받기 전에 그 기둥 앞으로 사면을 청하러 왔다. 목에 밧줄을 걸고 손에는 촛대를 잡은 채 죄목을 적은 판을 등과 배에 멘 죄인들이 무릎 꿇고 공개적으로 자신의 죄를 인정하고 용서를 빌었다.

3 옛날의 광장

현재의 광장은 과거에 비해 6배 넓어졌다. 바닥의 표시를 살펴 보면 옛날의 크기를 알 수 있다. 1865년에 오스만 남작이 우리가 지금 보고 있는 전경을 만들어내기 전까지, 성당을 바싹 조이던 구불구불한 도로들의 흔적을 볼 수 있다.

📍 예술의 광장

1970년 초 국립문화예술센터를 구상한 조르주 퐁피두 대통령은 이것
을 보부르 지역의 광장에 세워 센 강 오른편에도 노트르담 성당 광장
과 같은 분위기를 낼 수 있기를 원했다. 모든 예술 애호가들에게 국립
문화예술센터가 '열린 성당'이 되길 바랐던 것이다.

왕들의 갤러리

19세기에 건축가 유젠 비올레르딕이 성당의 복원 책임을 맡았다. 공사는 20년 가까이 계속됐고 그럭저럭 건물의 중세 분위기를 유지했다. 무엇보다 전면부 세 개의 문 위를 가로지르는 왕들의 갤러리를 복원해야 했다. 유대와 이스라엘의 왕 28명의 입상은 예수의 전통적인 선조들이었다. 하지만 혁명 때 사람들은 이를 프랑스 왕들로 착각해 모두 끌어내렸다. 오늘날 원래 모습의 일부를 볼 수 있다. 1977년 라 쇼세 당탱 거리 공사 때 발견되어 클뤼니 박물관에 전시돼 있다.

시테의 추억

시테 섬의 옛날 모습을 상상할 수 있는 가장 좋은 방법은 라 콜롱브 거리에서 쥐르생 거리 방향으로 서서 보는 것이다. 그 외에 쥐르생 19번지의 생태냥 예배당은 노트르담 성당을 둘러싸고 있던 23개의 교회 중 현존하는 유일한 유적이다. 성당에서 생 베르나르와 아벨라르가 기도하는 모습의 유적을 볼 수 있다.

이발사와 제과업자

샤누아네스 18, 20번지에 집이 두 채 있었다. 하나는 이발소였고, 하나는 제과점이었다. 이발사는 수도원에 머물던 수사들을 살해한 뒤, 시신을 제과업자에게 팔았다. 제과업자는 그것으로 빵을 만들어 수도사들을 대접했다. 두 공모자는 1387년 산 채로 화형을 당했다.

디지털 도어록을 통과하고 집주인들의 허락을 얻을 수 있다면 26번지에 들어가 보자. 몇 세기 전 묘석이 눈에 들어온다. 비가 내릴 때 발에 진흙이 묻지 않도록 하는 포석으로 사용한다.

생제르맹 데 프레

수도원에서
다른 수도원으로

카페 플로르에는 여전히 연인들의 그림자가 어른거린다. 그 옛날 책방이 모두 옷가게로 바뀌었어도, 사람들은 이곳에서 장폴 사르트르와 시몬 드 보부아르를 생각한다. 시간을 좀 더 거슬러 올라가 보자. 이곳과 인근 길에 생제르맹 데 프레 수도원의 역사를 떠올리게 하는 모든 것이 있다. 생제르맹 데 프레는 생제르맹 록세루아와 구별하기 위해 붙인 이름이다. 수도원이 주변에 넓은 들판을 가졌기 때문이다.(프레는 들판이라는 뜻- 옮긴이) 현재의 파리 6구와 7구 땅이 모두 수도원 소유였다.

7세기 베네딕트 수도사들이 새로운 주인이 되었을 때 이곳은 크게 번창했다. 다양한 작물, 특히 포도가 수도사들에게 안정적인 수입을 제공했다. 그들은 제멋대로 센 강물을 자기 영토로 끌어들여 만든 호수에서 낚시 허가권을 팔기도 했다. 1000년 동안 현재의 고즐랭 거리와 보나파르트 거리가 물에 잠겨 있었다.

마을이 수도원을 끼고 점점 커져 주민만을 위한 성당이 필요할 정도가 됐다. 이런 요구로 생페르 거리의 생피에르 교회가 지어졌다. 당시의 마을을 산책할 수 있다. 생미셸 대로에서 생페르 거리까지, 그리고 생쉴피스 거리에서 센 강까지다.

카페 두마고의 테라스.

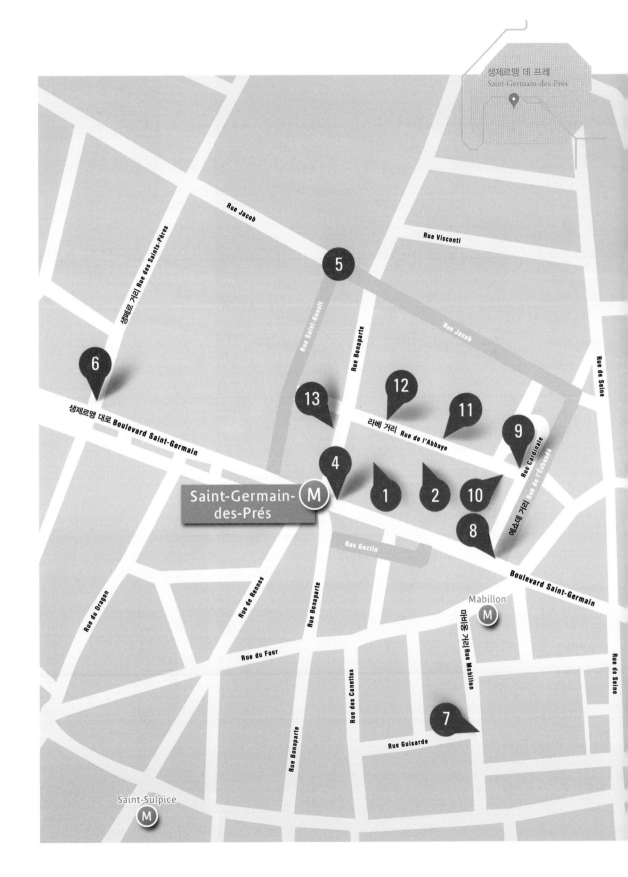

생제르맹 데 프레
Saint-Germain-des-Prés

Rue Jacob

Rue Visconti

생페르 거리 Rue des Saints-Pères

5

Rue Saint-Benoît

Rue Bonaparte

Rue Jacob

6

Rue de Seine

13

12

11

9

라베 거리 Rue de l'Abbaye

생제르맹 대로 Boulevard Saint-Germain

4

Rue Cardinale

1

2

10

에쇼데 거리 Rue de l'Échaudé

Saint-Germain-
des-Prés

M

8

Rue Gozlin

Boulevard Saint-Germain

Rue du Dragon

Rue de Rennes

Rue Bonaparte

Mabillon

M

마비용 거리 Rue Mabillon

Rue de Seine

Rue du Four

Rue des Canettes

Rue Bonaparte

7

Rue Guisarde

Saint-Sulpice

M

생 생포리앙 예배당 내부.

 **메로빙거 예배당**

생제르맹 데 프레 교회의 로마식 종루의 돌
은 1000년 이상 된 것이다. 종루의 토대는
생 생포리앙 예배당 안에 있는데 메로빙거
왕조, 즉 1500년 전에 만든 유산이다.

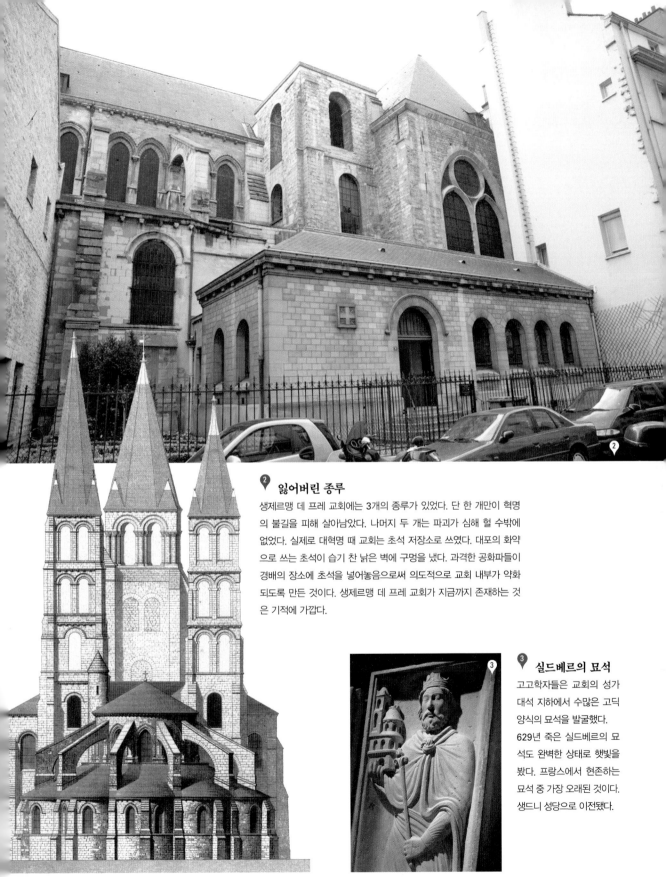

② 잃어버린 종루

생제르맹 데 프레 교회에는 3개의 종루가 있었다. 단 한 개만이 혁명의 불길을 피해 살아남았다. 나머지 두 개는 파괴가 심해 헐 수밖에 없었다. 실제로 대혁명 때 교회는 초석 저장소로 쓰였다. 대포의 화약으로 쓰는 초석이 습기 찬 낡은 벽에 구멍을 냈다. 과격한 공화파들이 경배의 장소에 초석을 넣어놓음으로써 의도적으로 교회 내부가 약화되도록 만든 것이다. 생제르맹 데 프레 교회가 지금까지 존재하는 것은 기적에 가깝다.

③ 실드베르의 묘석

고고학자들은 교회의 성가대석 지하에서 수많은 고딕 양식의 묘석을 발굴했다. 629년 죽은 실드베르의 묘석도 완벽한 상태로 햇빛을 봤다. 프랑스에서 현존하는 묘석 중 가장 오래된 것이다. 생드니 성당으로 이전됐다.

④ **남작의 도끼**

교회를 오른쪽으로 돌아 생제르맹 대로를 따라가 보자. 가파른 모서리 벽이 눈에 띈다. 옛 수도원과 인접 건물로 구성된 종교지구를 단칼에 잘라낸 것처럼 보인다. 실제로 제2 제정 당시 오스만 남작은 생제르맹 대로를 만들기 위해 이곳을 도려냈다. 당시 고고학자 테오도르 바케르가 공사장 인근을 발굴했으며 메로빙거 왕조의 귀한 유물들을 발견했다. 현재 카르나발레 박물관에 보존되었다.

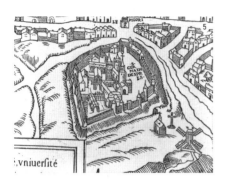

⑤ 영지 산책

생제르맹 수도원 소유의 옛 영지를 돌아볼 수 있다. 이는 4개의 길 사이에 있었는데, 길에 그 흔적이 남아 있다. 동쪽으로는 에쇼데 거리, 남쪽으로는 고즐랭 거리, 서쪽으로는 생브누아 거리, 북쪽으로는 자콥 거리까지다.

마을의 본당 ⑥

13세기 이후 생제르맹 데 프레 수도원 옆에 생피에르 교회가 세워져 이 지역의 본당이 됐다. 그 흔적을 생페르 51번지에서 찾아볼 수 있다. 게다가 옛 교회의 추억이 이름에도 남아 있다. 생페르가 변형돼 생피에르가 되었다.

⑦ 시장의 포석

생제르맹 시장은 부활절 기간 수도원 주위에서 열렸다. 13세기 말까지 주먹질, 언쟁, 소매치기가 시장의 일상이었다. 학생들이 소란을 일으키자 미남 왕 필립은 공공질서를 유지한다는 명목으로 시장을 국유화했다. 2세기가 지나서야 베네딕트 수도원이 시장을 되찾았다. 1762년 대화재로 시장이 불탔고, 파리 시가 부지를 사들여 오늘날의 생제르맹 시장을 열었다. 마비옹 거리에서 지붕 덮인 시장이 보인다. 아래쪽에는 옛 시장의 포석이 있다. 돌계단을 내려가 울퉁불퉁한 포석을 밟아 보자. 상인들의 호객 소리와 학생들의 함성이 들리는 듯하다.

📍 8 에쇼데의 맛

에쇼데 거리는 자못 흥미롭다. 주민들이 창밖으로 버린 오물을 치우기 위해 길 한가운데 얕은 수로를 낸 중세의 도로 포장 방식이 남아 있다. 특히 건물의 각 벽면이 모두 다른 세기의 것처럼 느껴진다. 마치 보이지 않는 담벼락이 이 길과 저 길을 시대와 양식에 따라 나누는 듯하다. 지금은 사라졌지만 수도원의 담이 이러한 경계 역할을 했다. 길의 이름은 집들의 삼각형 모양에서 유래되었다. 에쇼데란 원추형의 과자를 말하는데 반죽을 끓는 물에 데쳐서, 즉 에쇼데 해서 만든다.

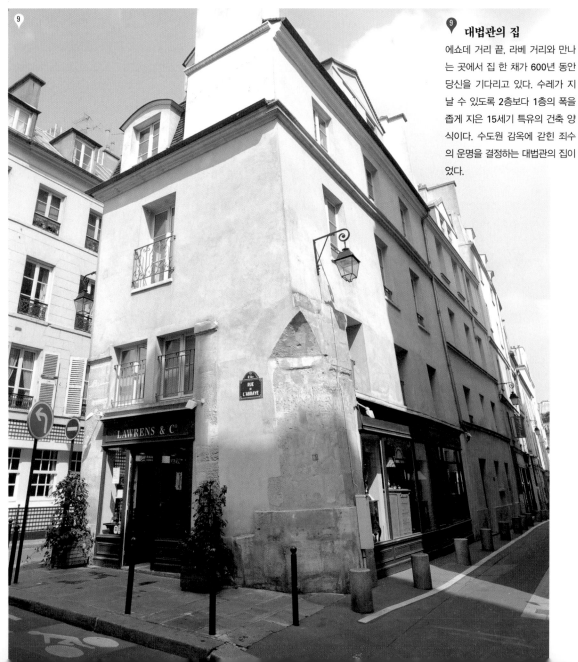

📍 9 대법관의 집

에쇼데 거리 끝, 라베 거리와 만나는 곳에서 집 한 채가 600년 동안 당신을 기다리고 있다. 수레가 지날 수 있도록 2층보다 1층의 폭을 좁게 지은 15세기 특유의 건축 양식이다. 수도원 감옥에 갇힌 죄수의 운명을 결정하는 대법관의 집이었다.

🔟 추기경 궁전

수도원에는 가장 높은 수도사, 즉 추기경이 있었다. 라베 3, 5번지의 16세기 말 추기경 궁전은 오랫동안 파리에서 가장 아름다운 건물로 손꼽혔었다. 수도원이 얼마나 부유했는가를 보여주는 르네상스 양식의 건물이다.

⑪ 성모 예배당

옛 생제르맹 데 프레 수도원 영지의 중심이었던 라베 6, 8, 10번지에는 성모 예배당과 수도사들이 거처하던 건물의 흔적이 있다. 이 13세기 유적들은 당시의 영화를 보여준다. 생트 샤펠을 지은 건축가 피에르 드 몽트뢰이가 성모 예배당의 석조 레이스 장식을 디자인했다. 그 일부가 교회 북쪽의 작은 공원에 있다. 원화창으로 장식한 첨두 홍예문, 묘석, 우물 흔적 등도 있다. 건축가 역시 1264년 이곳에 묻혔다. 자기 작품의 잔해 밑에.

🔴 마지막 탑

라베 16번지, 광장의 오른쪽 조각상 뒤로 둥근 탑의 잔해가 있다. 바로 14세기, 백년 전쟁이 시작되기 전에 만들어진 생제르맹 데 프레 수도원 성벽의 마지막 유적이다.

🔴 기숙사의 비밀

이제 라베 14~16번지로 들어가 보자. 그 안에 수도원의 옛 벽면이 숨어 있다. 문을 지나 오른쪽으로 수도원 기숙사의 유적이 보인다. 수도사들의 방과 구내식당을 나누던 벽 위로 돌로 막힌 창문에는 과거 스테인드글라스가 있었다. 고개를 들어 위를 보면 벽 속에 반만 끼워 넣은 듯한 유적이 있다. 중세의 유적과 현대 건축을 조화시킨 완벽한 예다. 자연 채광과 흰색 조명등의 절묘한 어울림은 시대와 양식을 아우르는 환상적인 결합이다.

선한 왕 다고베르의 왕좌 🔴

파리의 수도원을 위해 많은 일을 했던 다고베르 왕은 629년부터 639년까지 프랑크 왕국을 통치했다. 금은 세공사였다가 주교가 된 그의 충복 생 텔루아는 선한 왕의 왕좌를 만들었다. 금박을 입힌 청동 의자는 팔걸이까지 이어지는 다리가 위로 올라가면서 넓어져 포효하는 사자의 머리로 변하는 형상으로 왕을 감동시켰다. 이 의자는 국립도서관의 메달관에 보관되어 있다. (리슐리외 58번지)

BASILIQUE DE
SAINT-DENIS

바실리크 드 생드니

왕들의
마지막 사치

"사랑할 때 떠나라."

블레즈 상드라르는 그렇게 말했다. 따라서 당신과 나처럼 파리를 사랑한다면 근교로 떠날 줄 알아야 한다. 바실리크 드 생드니 역은 우리의 가벼운 외출을 도와준다.

7세기에 다고베르 왕은 생드니가 묻힌 곳에 수도원을 짓기로 결심한다. 하지만 페팽 때에 이르러서야 수도원이 부유하고 강력해졌다. 수도원장이던 퓔라는 팡탱과 라빌레트(파리 북동부의 근교 도시 – 옮긴이)까지 뻗어 있던 수도원 부지를 늘리고 재정적 특권을 얻기 위해 싸웠다.

754년 교황 스테파노 2세의 집전으로 페팽의 대관식이 장엄하게 열렸다. 14년 뒤 바로 이 수도원에서 페팽이 죽으면서 왕국을 두 아들 카를로망과 샤를에게 나눠주었다. 샤를이 미래의 샤를마뉴 대제다.

페팽의 바람대로 그의 유해는 수도원에서 가장 미천한 곳, 문 밖에 묻혔다. 왕은 생드니가 왕가의 공동묘지가 되길 바랐지만 막상 13세기 생 루이 때에 이르러서야 진정한 왕의 무덤이 되었다. 거의 대부분의 통치자와 왕가의 주요 인물들의 무덤이 그곳에 있다.

1. 7세기

2. 9세기 초

3. 12세기

4. 13세기

5. 16세기 말

6. 18세기 중반

생드니 수도원

생드니 시의 고고학 팀이 만든 3차원 복원도는 생드니 수도원의 발전사를 한 눈에 보여준다. 성당 주변의 발굴 작업을 통해 얻은 결과에 따른 것이다. 아주 옛날 모습은 건물의 극히 일부만이 발굴되어서 추측을 바탕으로 했다. 좀 더 알기를 원한다면 '생드니, 중세도시' 홈페이지(www. saint-denis.culture. fr)를 참조할 것.

바실리크 드 생드니
Basilique de Saint-Denis

Basilique de Saint-Denis Ⓜ

생드니 운하와 5번째 수문 뒤로 1998년 프랑스 월드컵 주경기장이었던 프랑스 스타디움이 있다.

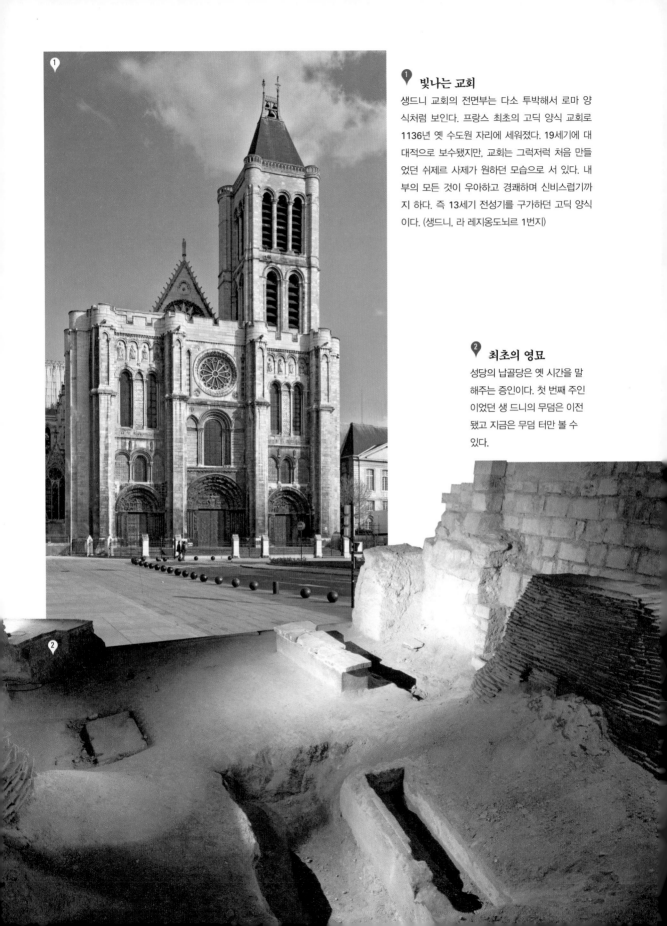

① 빛나는 교회

생드니 교회의 전면부는 다소 투박해서 로마 양식처럼 보인다. 프랑스 최초의 고딕 양식 교회로 1136년 옛 수도원 자리에 세워졌다. 19세기에 대대적으로 보수됐지만, 교회는 그럭저럭 처음 만들었던 쉬제르 사제가 원하던 모습으로 서 있다. 내부의 모든 것이 우아하고 경쾌하며 신비스럽기까지 하다. 즉 13세기 전성기를 구가하던 고딕 양식이다. (생드니, 라 레지옹도뇌르 1번지)

② 최초의 영묘

성당의 납골당은 옛 시간을 말해주는 증인이다. 첫 번째 주인이었던 생 드니의 무덤은 이전됐고 지금은 무덤 터만 볼 수 있다.

프랑스 역사의 상징

필라 사제의 납골당 뒤에 9세기의 납골당이 있다. 훗날 파리 당주 거리의 지하 공동묘지에 있던 왕실 묘지를 이전할 때 루이 16세와 마리 앙투아네트 왕비의 관이 이곳으로 옮겨졌다. 이로써 프랑스 역사의 가장 상징적인 장소가 되었다.

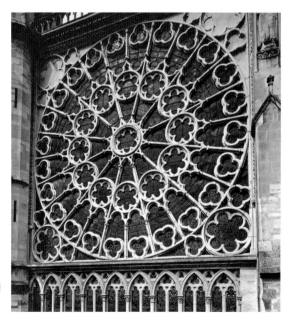

성당의 원화창은 고딕 전성기의 상징적 건축물이다.

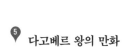
묘석 밭

프랑스의 역사가 이곳에서 우리를 기다린다. 프랑스의 옛 왕들이 여기에 누워 있다. 수세기에 걸쳐 왕국의 위대함을 찬양하기 위해 만든 묘석들로 가득 차 있다. 왕들이 누운 모습을 새긴 묘석 70개 이상이 밭처럼 펼쳐져 있다. 대리석 또는 석회석 관으로 된 불멸의 왕국이다. 누워 있으면서도 여전히 우월감으로 가득 찬 그들을 우리는 보고 만진다. 묘석은 대혁명 때 모욕을 받았지만 기적적으로 보존되었다.

다고베르 왕의 만화

13세기에 생드니의 수도사들은 예외적으로 특별한 무덤을 만듦으로써 다고베르에게 경의를 표하려 했다. 다고베르는 결코 성인이 아니었다. 오히려 악명이 높았기 때문에 수도사들은 만화처럼 은유가 담긴 조각을 생각해냈다. 왕관을 쓴 알몸의 어린아이 모습을 한, 왕의 영혼이 악마들에 이끌려 지옥에 온다. 다행히도 생 드니와 생 마르탱, 생 모리스 등 성인들이 아이의 영혼을 구한 뒤 하늘로 보내 천국으로 들어가는 것을 허락 받는다. 메시지는 명백하다. 다고베르 왕은 지옥에 가야 마땅하나 성인들의 중재로 축복 받은 영생의 문이 열렸다는 것이다. 대제단 가까이서 이 모습을 볼 수 있다.

📍 ⑥ 왕가의 유해를 찾아서

1793년 국민공회는 생드니에 있는 왕조의 사치스러운 무덤을 파괴하기로 결정했다. 삼색 모표 모자를 쓴 정복 경찰의 지휘 아래 인부들이 부르봉 왕조의 지하실을 파헤쳤다. 무거운 평석 3개가 입구를 막고 있었다. 인부들이 곡괭이로 두꺼운 벽을 두들겼다. 벽이 무너지고 인부들은 54개의 참나무 관이 있는 긴 납골당으로 들어가 관 뚜껑을 차례로 열었다. 루이 13세의 콧수염이 생생했고, 루이 14세의 얼굴은 이상하리만큼 검었으며, 부패된 루이 15세의 시신에서는 악취가 났다. 시신들은 지금 공원 자리인 교회 북쪽의 공동묘지에 던져졌다. 생석회를 뿌려 부식시킨 왕들의 유해는 복원된 지하 납골당에 다시 경건하게 안치됐다.

샤틀레 레알

영주들의
시간

샤틀레 레알, 미로, 에스컬레이터, 움직이는 길. 세계에서 가장 큰 지하철역에 오신 것을 환영합니다! 샤틀레 쪽으로 나가 눈앞에 펼쳐지는 역사를 살펴보자.

875년에 대머리 왕 샤를은 파리를 정비하기로 결심한다. 끊임없이 성장하던 도시를 위해 좋은 생각이었다.

그는 시테 섬과 센 강 북쪽의 둑을 잇는 두 개의 파괴된 다리를 복구했다. 물살이 센 지류에 다리를 놓기 위해 물속에 돌 더미를 던졌고 그 위에 나무 판을 깔았다. 이 '대머리 샤를 길'은 나중에 퐁 토 샹쥬가 되어, 파리의 얼굴을 바꿔놓는다.

바이킹의 침략으로부터 도시를 보호하기 위해 왕은 강 오른편에 커다란 방어 탑을 세웠다. 강 왼편에도 돌과 벽돌로 만든 탑을 세웠다. 군사 요새이자 작은 성, 즉 샤틀레였다.

12세기에 오른편 그랑 샤틀레에는 파리 재판소가 들어섰다. 그곳은 음산한 장소였다. 감옥이자 시체실이자 고문실이었다. 근처를 지나는 행인들은 몸을 떨었다. 그랑 샤틀레는 1804년 허물어졌다. 이 슬픈 기억을 기념하는 그 무엇도 남아 있지 않다.

845년 노르만 족에 포위된 뤼테스.

13세기의 그랑 샤틀레.

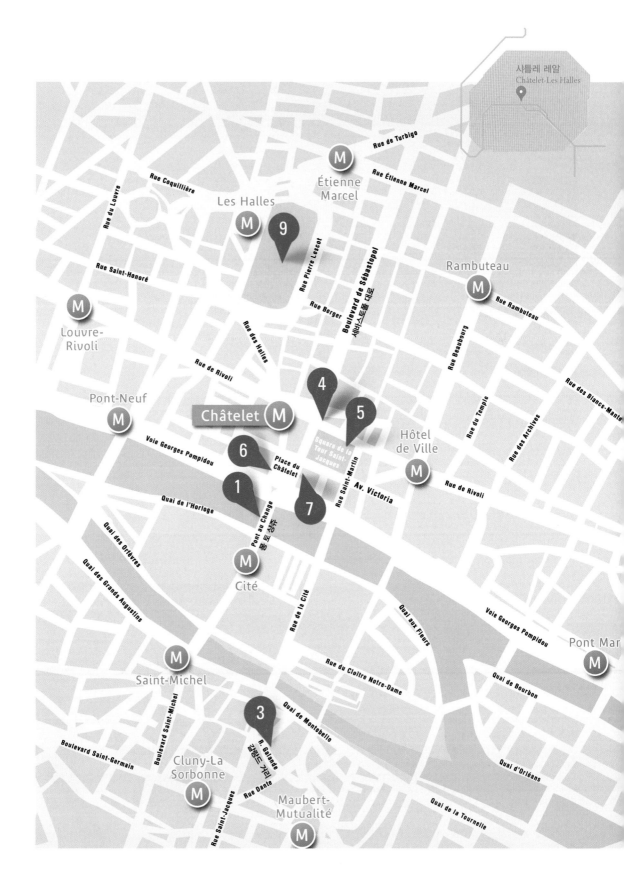

Map labels:

샤틀레 레알
Châtelet-Les Halles

Rue de Turbigo

Rue Coquillière

Étienne Marcel

Rue Étienne Marcel

Rue du Louvre

Les Halles

9

Rambuteau

Boulevard de Sébastopol
세바스토폴 대로

Rue Pierre Lescot

Rue Saint-Honoré

Rue Rambuteau

Rue Berger

Rue Beaubourg

Louvre-
Rivoli

Rue des Halles

Rue de Rivoli

Rue du Temple

Rue des Archives

Rue des Blancs-Mante

Pont-Neuf

4

Châtelet

5

Hôtel
de Ville

Voie Georges Pompidou

6

Place du
Châtelet

Square de la
Tour Saint-
Jacques

1

Rue Saint-Martin

Av. Victoria

Rue de Rivoli

Quai de l'Horloge

Pont au Change
퐁 토 샹주

7

Quai des Orfèvres

Cité

Quai des Grands Augustins

Rue de la Cité

Quai aux Fleurs

Voie Georges Pompidou

Pont Mar

Saint-Michel

Rue du Cloître Notre-Dame

Quai de Bourbon

Boulevard Saint-Michel

3

Quai de Montebello

Quai d'Orléans

Boulevard Saint-Germain

R. Galande
갈랑드 거리

Cluny-La
Sorbonne

Rue Dante

Maubert-
Mutualité

Quai de la Tournelle

Rue Saint-Jacques

🔵 최초의 증권시장

'대머리 샤를 길'의 등장과 함께 강 오른편의 중심축은 생마르탱 거리
에서 생드니 거리로 바뀌었다. 다리는 12세기에 금융인들이 몰려와
왕국 내 많은 농경공동체 사이의 부채와 채권을 거래하기 시작하면서
퐁 토 상쥬(change는 증권 또는 환거래를 의미— 옮긴이)라 불리었다.

🔵 샤를 광장

루브르 박물관(리슐리외관 1층 제1실)에 말을 탄 샤를마뉴 대제의 9세기
동상이 있다. 그는 대머리였다. 나 같은(대머리) 파리지앙에겐 의심의 여
지가 없는 사실이다. 우리의 인상적인 외모의 한 부분을 샤를마뉴에게서
물려받은 것 아니겠는가?

🌍 프티 샤틀레의 비명

샤틀레 감옥과 가장 흡사한 자취를 찾고 싶다면
센 강을 건너 '지하 감옥 카바레'(갈랑드 52번지)
에 가보자. 탐험가처럼 지하로 내려가면 그랑 샤
틀레와 대칭되는 프티 샤틀레 지하 감옥이 있다.
옛 죄수들의 낙서가 우리를 기다린다.
"나는 교수형에 처해질 것이다!" "마라(18세기 프
랑스 혁명가 옮긴이)에게 죽음을!"

📍 파리의 중심

파리의 한가운데 위치한 샤틀레 광장은 제2 제정 시기 오스만 남작의 도시계획에 따라 파리의 중심 교차로가 됐다. 광장이 생기면서 파리는 교통 흐름이 좋아지고 접근이 쉬워졌다. 세바스토폴 대로 북쪽으로 오른편을 가르고, 왼편에서는 생미셸 대로가 남쪽으로 뻗으며, 리볼리 거리가 동서로 이어지고 있다.

📍 손수레 분수

샤틀레 광장의 중앙에 있는 이 분수는 1808년 나폴레옹의 이탈리아, 이집트 원정을 축하하기 위해 만들어졌다. 50년 뒤 오스만 남작이 만든 새로운 설계도에 따라 분수와 원주가 옮겨졌다. 약 12m 서쪽으로 미는 작업으로 30분밖에 걸리지 않았다. 바닥에 레일을 깔고 분수를 수레에 들어 올려 옮겼기 때문이다.

📍 생자크 탑

옛 생자크 드 라 부슈리 교회의 종루였던 생자크 탑은 1509년부터 건설됐다. 이는 역사적 명소였던 도살장 '그랑드 부슈리'의 중심이었다.

여신의 숙소

사라 베르나르트 극장은 시립극장이 되었다. 불멸의 작품이었던 '래글롱L'Aiglon'은 오늘날 그 이름을 딴 길모퉁이 카페에서만 아스 라이 추억을 전한다. 하지만 철제 계단을 올라 3층 극장으로 들 어가면 여신의 숙소를 발견할 수 있다. 욕조와 세면대, 병풍, 포 스터, 사진 등이 모두 남아 있다. 당장이라도 비극의 여배우가 나 타날 것만 같은 분위기다.(샤틀레 광장 2번지)

⑧ 네르발의 숨결

시립극장 자리에 라 비에유 랑테른 거리란 음산한 골목길이 있었다. 1855년 1월 아침, 그 길에서 시인 제라르 드 네르발이 쇠창살에 목을 맨 채로 발견됐다. 친구 샤를 보들레르는 '그가 찾을 수 있었던 가장 불결한 구석'이라고 말했다. 네르발이 목을 맨 장소가 극장 무대 아래의 환기 구멍과 정확하게 일치한다는 전설이 전해진다.

레알 드 파리 ⑨

1182년 6월 24일 필립 오귀스트는 유대인들을 그의 왕국에서 쫓아냈다. 파리의 유대인 사회는 샹포Champeaux 지역에 있었다. 왕은 그 지역에 시장을 건설하고 두 개의 지붕 덮인 건물을 짓도록 명령했다. 그 건물을 담으로 둘러싸 밤에는 문을 닫았다. 샹포 시장은 곧바로 수도의 명소가 됐다. 식료품에서 직물에 이르기까지 팔지 않는 물건이 없었다. 왕이 800년 동안 파리의 시장이 될 레알 드 파리Les Halles de Paris의 기초를 닦은 것이다.

⑩ 노장으로 이사한 발타르의 흔적

19세기에 레알은 구조와 위생상의 심각한 문제를 드러냈다. 1848년 재건축 공모가 실시돼 빅토르 발타르의 작품이 당선됐다. 그는 1852년부터 1870년까지 유리 벽, 주철 기둥으로 이루어진 유리 지붕 건물 10개 동을 지었다. 1936년에는 2개 동이 보태졌다. 레알은 1969년 문을 닫고 파리 근교의 룅지스로 옮겨졌다. 이후 발타르의 건물은 헐렸다. 어리석음과 무지, 추함이 승리한 것이다. 10개 중 하나만 살아남아 노장 쉬르 마른(파리 동부의 위성도시— 옮긴이)으로 옮겨졌다. 페스티발이나 TV 방송을 위한 공개홀로 이용되고 있다. (노장 쉬르 마른 94130, 빅토르 위고 가ᵇᵉ)

레알의 미래 ⑪

현재의 포럼 데 알은 건축학적 재앙이다. 추한 데다 지은 지 30년 만에 금이 갔다. 다행히도 이 건물은 모두 헐릴 예정이다. 대신 건축가 파트릭 베르제와 자크 안지우티가 설계한 '유리 숲'으로 대체될 것이다.

라 샤펠

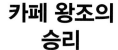

카페 왕조의
승리

라 샤펠은 몽마르트르와 벨빌 사이에, 파리의 수호성인이었던 생트 쥬느비에브가 기도했던 예배당 주위로 형성된 마을이었다. 이어 생드니 수도원의 영지가 된다. 그래서 1860년 파리에 편입되기 전까지 라 샤펠 생드니라 불렸다.

옛 마을은 지하철 역 뒤편, 막스 도르무아 가(街) 끝, 폴 엘뤼아르 광장 자리에 있었다. 길이 하나뿐이었던 작은 마을로 역사적으로 풍요로웠다.

10세기 이후 이곳, 정확하게는 현재의 라 샤펠 교차로 자리에 랑디Lendit라는 장이 섰다. 매년 6월 보름 동안 프랑스뿐 아니라 프로방스, 롬바르디아, 에스파냐 심지어 콘스탄티노플에서까지 수천 명의 상인이 찾아와 직물과 양고기, 허브, 향료, 향수, 양피지를 팔았다. 동양에서 수입되는 양피지는 학생들의 가장 큰 행복이었다. 사람들은 극장에 가는 것처럼 시장에 몰려들었다. 파리의 어둡고 우중충한 가게와는 달리, 우아하고 깨끗한 임시 상점에서 사람들은 더 큰 세상을 발견했다.

시장통의 혼란 속에 생드니 수도원이 자리 잡았다. 수도원은 그 자체의 권위만으로도 상인과 소비자 사이에 질서를 유지했다.

1786년의 라 샤펠 마을.

왜 라 샤펠인가?

샤를마뉴 대제는 모든 종류의 성 유물을 모으는 마니아였다. 그의 수집품 중 가장 아름다운 것은 생 마르탱의 망토, 정확히 말해 거지에게 잘라 주고 남은 망토의 반쪽이었다. 이 천을 보관하기 위해 샤를마뉴는 자신의 궁전 성벽 안에 숭배와 헌정의 장소, 예배당(샤펠)을 만들게 했다. 샤펠은 라틴어 카파, 즉 카프Cape(망토)에서 온 것으로 보통명사가 됐다. 파리에서는 한 작은 예배당에 그 이름이 붙었는데, 생트 쥬느비에브가 생 드니 영묘로 가는 길에 들러 기도를 했다고 한다.

라 샤펠 거리
Rue de la Chapelle

Rue de la Madone

Rue de l'Évangile

Rue Marc Séguin

Rue de Torcy

올리브 거리
Rue de l'Olive

Rue Ordener

Rue Riquet

M
Marx
Dormoy

Rue Marx Dormoy

Rue Doudeauville

라 샤펠 La Chapelle

M La Chapelle

Boulevard Saint-Germain

Cluny-
La Sorbonne

M

Rue Dante

Rue Racine

R. du Sommerard

Rue Monsieur le Prince

Boulevard Saint-Michel

Rue Victor Cousin

Rue Saint-Jacques

Rue des Écoles

Rue Cujas

Rue Valette

잔다르크의 길

생드니 드 라 샤펠 교회(라 샤펠 16번지)는 옛 예배당 자리에 있는데 바로 생 드니의 무덤이 있던 곳이라는 얘기도 있다. 유명한 고해자가 그곳에 자주 드나들었다. 1429년 9월 7일 영국과 부르고뉴 사람들에게 점령된 파리를 해방시켜달라고 빌었던 잔다르크를 생각나게 하는 동상이 여기에 있다. 하지만 기도는 이뤄지지 않았고 그녀는 전투 중 엉덩이를 다친다. 현재의 교회는 대부분 18세기의 것이다. 1204년 건축 당시의 유일한 흔적(잔다르크가 와서 기도했던)은 원형 기둥을 기준으로 나머지와 구분되는 앞쪽 의자 1~4열뿐이다.

부러진 축

포부르 생드니 거리. 10세기 말 오른편의 중심 도로는 생마르탱 거리에서 생드니 거리로 바뀌었고 다시 교외로 이어졌다. 이제 파리의 새로운 중심축이 만들어졌다.

📍 ③ 즐거운 행렬

13세기 파리 대학의 발전과 함께 랑디는(양피지를 살 수 있기 때문에) 교수들과 학생들의 축제의 장이 되었다. 시장이 열리는 날은 새벽부터 생트 쥬느비에브 산에 학생들이 모였다. 그들은 피리와 나팔, 북소리에 맞춰 열을 지어 행진했으며 즐거운 표정으로 라 샤펠로 향했다. 소르본 대학의 정원에는 이 즐거운 행렬을 그린 아름다운 프레스코 벽화가 있다.

📍 과거의 메아리

1444년 랑디 시장은 학생들이 저지른 무질서 탓에 생드니로 옮겨졌다. 이후 가축 시장으로 변했다가 19세기에 '여름 축제'라 불리는 장터 축제가 됐다. 샤펠에서는 유일하게 올리브 시장(롤리브 10번지)이 1885년 문을 열어 사라진 과거의 메아리를 다시 울렸다. 이 1500m² 규모의 지붕 덮인 시장(2008년 보수)은 어느 정도 옛 시장의 향수를 느끼게 해준다.

에티엔 디 지브리 교황 주교예전서, 〈랑디 시장의 축복〉

아르 에 메티에

천 년의
신화

잠수함인가, 미친 과학자의 꿈인가, 아니면 찰리 채플린의 영화 〈모던 타임스〉의 무대장식인가? 아니, 전철역일 뿐이다! 국립예술직업학교(생마르탱 292번지) 주변을 돌아보려면 나무 발판의 낡은 에스컬레이터를 타야 한다.

대혁명 때까지 이곳에는 생마르탱 데 샹 수도원이 있었다. 우리는 앞에서 마르탱 주교가 나병 환자를 낫게 한 자리에 세운 작은 예배당이 소성당으로 바뀐 것을 보았다. 성당은 11세기에 중요한 수도원으로 바뀐다. 아무리 종교적 열광의 시대일지라도 새 천 년의 공포나 종말론은 학자들 정도에게만 퍼져 있었다는 사실을 유념하자.

앙리 1세는 화려한 수도원을 지어, 성벽으로 둘러싸기로 했다. 그는 파리에 화려한 수도원을 세워 수도원 주인으로 행세할 작정이었다. 또 수도원에 부와 땅을 제공하고, 수입권과 형벌권, 면세 혜택 등 각종 특권을 부여했다.

왕의 너무 큰 꿈이었다. 수도원 건축은 그의 아들 필립 1세 때에 가서야 마무리되었다. 1067년 봉헌식 때 모습을 드러낸 생마르탱 데 샹 수도원은 18개의 망루, 4개의 견고한 감시탑을 갖추고, 총안이 있는 성벽으로 둘러싸인 광대한 구역이었다. 현재의 생마르탱 거리 , 베르부아 거리, 몽골피에 거리, 바이 거리를 걸어 보면 옛 수도원의 크기를 짐작할 수 있다.

1702년 낡은 수도원이 철거되고 더 화려하게 재건되었다. 수도사들이 생마르탱 거리 위에 크고 아름다운 집들을 지었으며 베르부아 거리 한쪽 끝에 분수를 만들고 공공시장을 열었다.

〈수도원 재단의 운문 연대기〉
필립 1세가 생마르탱 데 상 수도원을 만들었다.

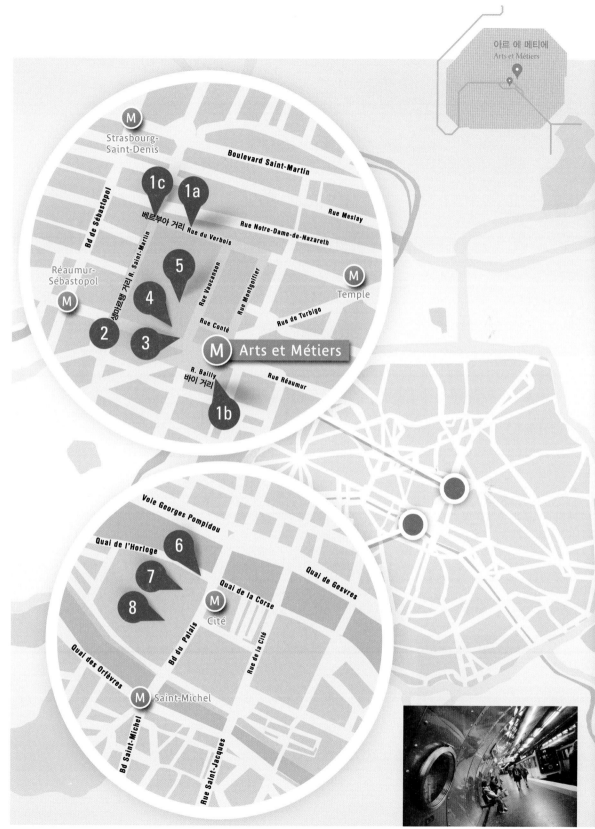

아르 에 메티에
Arts et Métiers

M Strasbourg-
Saint-Denis

Boulevard Saint-Martin

Rue Meslay

1c
1a

베르부아 거리 Rue du Verbois

Bd de Sébastopol

Rue Notre-Dame-de-Nazareth

5

Réaumur-
Sébastopol

M Temple

세바르토폴 거리 R. Saint-Martin

4

Rue Vaucanson

Rue Montgolfier

2

3

Rue Conté

Rue de Turbigo

M Arts et Métiers

R. Bailly
바이 거리

Rue Réaumur

1b

Voie Georges Pompidou

6

Quai de l'Horloge

7

Quai de la Corse

Quai de Gesvres

8

M Cité

Bd du Palais

Rue de la Cité

Quai des Orfèvres

M Saint-Michel

Bd Saint-Michel

Rue Saint-Jacques

아르 에 메티에 역.

115

숨어 있는 탑들

옛 수도원 구역의 성벽과 작은 탑이 부분적으로
보수되어 베르부아 거리에 남아 있다.

수도원 구역의 남동쪽 끝에 해당되
는 바이 거리의 모퉁이에서 탑을 볼
수 있다.(바이 7번지)

베르부아 거리와 생마르탱 거리의 교차점에 베르부
아 탑이 있다. 빅토르 위고는 그 탑을 부수자는 건
축가의 의견에 반대하며 소리쳤다. "탑을 파괴하자
고? 안 돼! 건축가를 파괴하자고? 좋아!"

LA TOUR
DEPENDANT DE L'ENCEINTE FORTIFIÉE
DU PRIEURÉ
DE SAINT MARTIN DES CHAMPS
CONSTRUITE VERS 1140
ET LA FONTAINE DU VERTBOIS
ÉRIGÉE EN 1712
CONSERVÉES ET RESTAURÉES
PAR L'ÉTAT
EN 1882
SUIVANT LE VOEU
DES ANTIQUAIRES PARISIENS

RUE
SAINT MARTIN

Aspet du Priore S. Martin des champs
parmi du Clocher de S. Nicolas

📍② 수도원 구역

파리 외곽에 위치했던 생마르탱 데 샹 수도원은 당시 자체 종교지구
를 형성했다. 1273년에 보수된 모습을 오늘날 볼 수 있다. 마을은 계
속 커지다 14세기에 파리에 편입됐으며 수도원 벽은 샤를 5세가 만든
새로운 성벽의 일부로 통합됐다.

박물관 방문

대혁명은 수도원을 국립예술직업학교로 변모시켰다. 생마르탱 거리에 오늘날까지 그대로 모습을 간직하고 있다. 학교 안에 있는 예술과 기술 박물관은 지역을 관할했던 클뤼니 수도원의 시대처럼 인간 진보의 기억을 모아놓았다.

램즈덴의 18세기 말 육분의로 항해할 때 태양과 달, 별을 측정해 현재 위치를 파악하는 기구이다.

최고의 로마 양식

예술학교가 된 수도원의 로마 예술에 경탄하지 않을 수 없다. 남쪽 종루의 기초와 여러 색깔의 기와로 만든 지붕, 벌집 모양의 제단 뒤 후진은 11세기의 아름다운 로마네스크 양식이다. 교회 안에 1067년 지은 성가대석이 있는데 12세기 초의 것이다. 바로 고딕 양식이 막 하늘 높이 솟아오르기 시작할 무렵이다. 로마 양식의 홍예가 고딕 양식의 상징인 첨두홍예와 섞여 있다.

고딕 스타일 식당

수도원의 옛 영광을 지금은 도서관으로 바뀐 수도사들의 구내식당에서 찾아보자. 12세기 고딕 예술의 탁월한 예다.

🔘 최후의 순간

11세기에 로베르 2세는 시테 궁전을 대대적으로 보수한다.
그리고 궁정 관리인들의 숙소인 콩시에르주리까지 확대한다.
하지만 남아 있는 유적은 별로 없다.

다른 방을 통해 우리는 18세기로 갈 수 있다. 분
수가 있는 여자들의 정원인데 이곳에서 여자 죄
수들이 세탁을 했다. 남자 죄수들과는 창살로 분
리되어 있었다.

조금만 더 걸으면 지롱댕 예배당이 나온다.
1793년 10월 30일 루이 16세와 마리 앙투
아네트가 마지막 밤을 보낸 곳이다.

마리 앙투아네트 예배당으로 들어가 보자. 루이 18세 때 왕비가
최후의 순간에 머물렀던 장소를 기념하기 위해 만들었다.

경비대와 헌병대 숙소에서 중세 궁전의 흔적을 볼 수 있다.

 마지막 발걸음

파리 최고재판소의 18세기 전면부 앞에 서
서 간이식당으로 들어가는 오른쪽의 작은 계
단을 보라. 대혁명 때 콩시에르주리에 갇혀
있던 귀족들이 단두대로 갈 때 밟았던 계단
이다. 비밀리에 감춰진 무시무시한 감옥의
증거다. 마리 앙투아네트 역시 1793년 10월
16일 새벽 그 계단을 밟았다.

⑧ 생트 샤펠, 성궤 보관소

생 루이 왕은 비싼 값을 치르고 성 유물을 샀다. 예수가 매달렸던 십자가의 일부, 입었던 수의, 머리에 썼던 가시관, 예수의 허리를 찔렀던 창의 날, 모세의 지팡이, 성모 마리아의 젖 등이었다. 이들을 보관하기 위해 피에르 드 몽트뢰이로 추정되는 건축가가 1248년에 고딕 양식 전성기의 걸작품인 성궤 보관소를 지었다. 성 유물들은 대혁명 때 도둑맞고 파괴되어 모두 사라졌다. 사법재판소 건물에 붙어 있는 생트 샤펠은 놀랍게도 거의 훼손 없이 그 자리에 서 있다.

필립 오귀스트

파리,
프랑스의 수도

나시옹 광장에서 몇 발자국 떨어진 필립 오귀스트 역은 확실히 파리 한복판에 있다. 하지만 12세기 도시의 모습을 떠올리기에는 많이 벗어나 보인다. 그럼에도 필립 오귀스트 왕이 통치하던 시절의 기억을 어느 정도 간직하고 있다. 그의 이름을 딴 길과 게르만 족 황제에 맞서 거둔 승리의 추억이 담긴 부빈 가(街), 그리고 특히 1843년에 나시옹 광장 주위에 세운 원주들 중 하나 위에 서 있는 4m 높이의 동상이 그렇다.

1190년 예루살렘 성지와 성묘(예수의 무덤)를 해방시키기 위한 새로운 십자군 원정이 발표되었다. 파리에서는 영국과 마찬가지로 왕국 전체, 귀족과 농민들 모두 원정에 참여하고자 했다. 마침 필립 오귀스트 역시 주저하지 않고 성스러운 동기를 따랐다.

하지만 원정을 떠나기 전에 같이 원정을 떠날 영국 군주, 사자왕 리처드와 평화협정을 맺을 필요가 있었다. 필립 오귀스트의 젊은 아내인 이사벨 왕비가 출산 도중 숨졌다. 십자군은 장례식을 마칠 때까지 기다려야 했다. 왕비의 시신은 노트르담 성당의 성가대석 지하에 안치됐다.

이제 모든 준비가 끝났다. 정말? 아니다, 필립 오귀스트에게는 가장 중요한 일이 남아 있었다. 파리를 보호해야만 했다.

그는 자신의 도시가 거의 무방비 상태라는 것을 알았다. 침략을 받을 경우 안전을 보장하지 못했다. 결국 왕은 도시 전체를 감싸는 성벽을 세웠다. 이렇게 만든 성벽은 거의 200년 동안 파리의 경계가 되었다.

필립 오귀스트는 루브르에 거대한 탑을 만들게 했다.

Rue des Petits-Champs

Rue de Richelieu

Rue de la Vrillière

Rue d'Aboukir

Rue Montorgueil

Rue Étienne Marcel

Rue de Turbigo

Palais-Royal-
Musée du Louvre

M

4

5

M Étienne Marcel

3

2

Rue du Jour
주르 거리

Rue du Louvre

루브르 거리

Rue Saint-Honoré
생토노레 거리

Rue de
l'Oratoire

1

Rue Berger

M

Les Halles

Boulevard de Sébastopol

Rue Saint-Martin

Rue Beaubourg

Rue du Temple

M

M

Rambuteau

Rue Rambuteau

6

Rue des Quatre Fils

M Louvre-Rivoli

Rue de Rivoli

Rue du Renard

R. des Francs-Bourgeois

Pont-Neuf

Châtelet

M

M

R. des Blancs-Manteaux

Rue des Archives

7

Rue des Rosiers

16

Quai de Conti

Voie Georges Pompidou

Hôtel de Ville

Rue de Rivoli

Saint-Paul

15

14

M

13

11

12

R. Mazarine

R. Guénégaud
Imp. de
Nevers

Pass.
Dauphine

R. Dauphine

Quai des Gds Augustins

Quai des Orfèvres

Quai du Palais

Quai de la Corse

Bd du Palais

Rue de la Cité

M

Saint-Paul

Pont Marie

M

Rue des Jardins
Saint-Paul

8

Cour du Comm.
St-André

Saint-Michel

Quai des Célestins

Quai d'Anjou

Odéon M

Boulevard Saint-Germain

Maubert-
Mutualité

Quai de la Tournelle
투르넬 강둑

Quai des Deux Ponts

M

M

Sully-
Morlan

Rue de Condé

Rue Monsieur le Prince

M

1

Cluny-
La Sorbonne

M

10

Boulevard Saint-Michel

Rue Saint-Jacques

Rue des Écoles

Rue Monge

Bd Saint-Germain 생제르맹 대로

R. Chantiers

3

2

5

R. d'Arras

R. du Cardinal Lemoine

8

클로비스 거리 Rue Clovis

4

M

9

6

Jussieu

7

RueThouin

R. Descartes

나시옹 광장의
필립 오귀스트 동상.

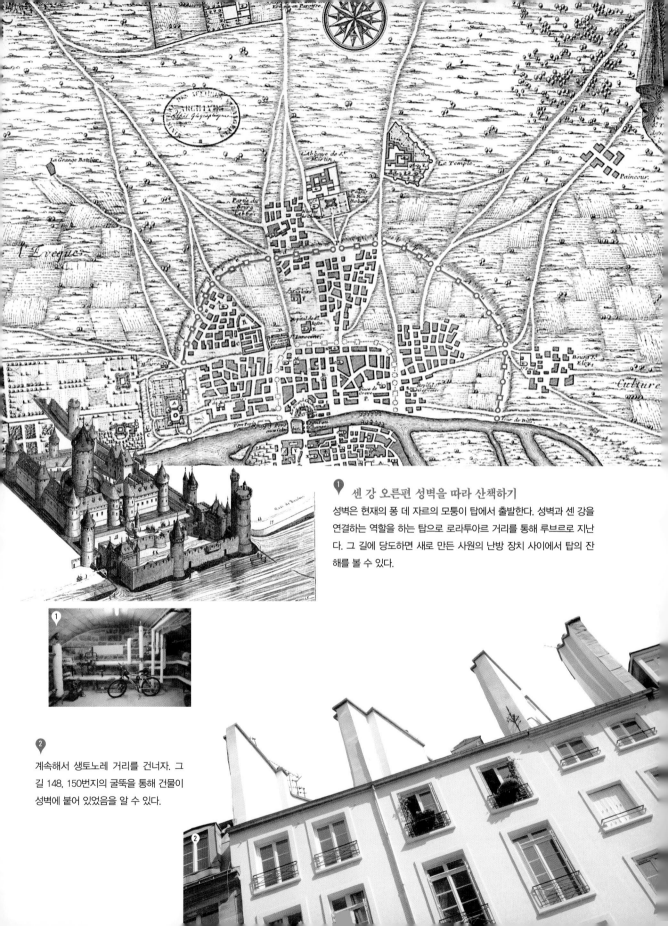

센 강 오른편 성벽을 따라 산책하기

성벽은 현재의 퐁 데 자르의 모퉁이 탑에서 출발한다. 성벽과 센 강을 연결하는 역할을 하는 탑으로 로라투아르 거리를 통해 루브르로 지난다. 그 길에 당도하면 새로 만든 사원의 난방 장치 사이에서 탑의 잔해를 볼 수 있다.

계속해서 생토노레 거리를 건너자. 그 길 148, 150번지의 굴뚝을 통해 건물이 성벽에 붙어 있었음을 알 수 있다.

④
증권거래소를 지나면서 성벽은 주르 거리를 따라 이어진다. 길은 성벽의 내부순찰로 자리에 만들어졌다. 9번지에 탑의 일부가 완벽하게 보존되어 있다.

이제 루브르 거리에 도착했다. 11번지에 또 다른 탑의 기초가 남아 있는데 바로 건물 중간의 원형 부분이다.

탑 안의 탑! 에티엔 마르셀 20번지에서 만나자. 장 상 푀르. ('겁 없는 장'이라는 뜻. 부르고뉴 공작으로 정신적으로 문제가 있던 사촌 샤를 6세의 섭정이었다 —옮긴이) 탑에 들어가면 왼쪽으로 성벽의 탑이 있다. 그 탑은 외부 탑의 축소판이다.

프랑크 부르주아 거리 55~57번지에는 보다 새로운 기술로 더 높게 쌓아 올린 탑의 기초가 있다. 땅바닥의 포장을 보면 성벽의 흔적을 알 수 있다.

블랑 망토 거리의 샤를 빅토르 랑글루아 공원에도 탑이 있던 자리가 남아 있다.

131

⑧

이제 우리는 현재 파리에 남아 있는 가장 아름다운 성벽의 일부를 보게 된다. 자르뎅 생폴 거리에 있는 샤를마뉴 고등학교에 60m 이상의 성벽과 몽고메리 탑이 남아 있다. 몽고메리는 1559년 마창 경기 도중 앙리 2세에게 치명적인 상처를 입힌 뒤 탑으로 피신했던 스코틀랜드 용병대장의 이름이다.

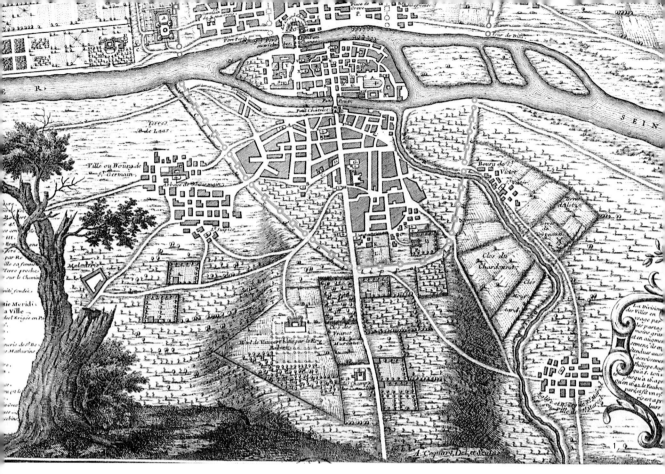

센 강 왼편 성벽을 따라 산책하기

왼편에서는 성벽이 투르넬 강둑 1번지에서 출발한다. 투르넬
이란 모퉁이 탑을 말한다. 생제르맹 대로 7bis 번지의 좁은
건물이 바로 성벽의 자리다.

❷ 샹티에 7번지의 안마당에서도
유적을 발견할 수 있다. 석공의
가마가 성벽 모퉁이 탑의 돌출
부 모습을 간직하고 있다.

3 성벽은 제콜 거리까지 이어진다. 길에 있는 우체국 지하에 들어가면 성벽에 뚫려 있던 큰 아치를 볼 수 있는데 비에브르 강 지류의 운하가 지나는 통로였다.

Enceinte de Philippe Auguste
Ici s'élevait la porte Saint Victor,
édifiée au début du XIIIᵉ siècle,
reconstruite en 1568 et abattue en 1684

4 카르디날 르무안 거리에 다시 가보면 해자가 있는 성벽의 외부 흔적이 있다. 48~50번지의 소방서에 붙어 있는 조각들을 볼 수 있다.

5 다라스 9~11번지의 정원에도 있다.

134

투앙 거리 4, 6번지.

카르디날 르무안 거리 60~64번지, 68번지에서도 아름다운 성벽을 볼 수 있다.

클로비스 거리
1번지와 7번지의 성벽.

특히 데카르트 거리 47번지에는 성벽의 지붕이 남아 있다.

🔟 성벽은 무슈 르 프랭스 거리 오른쪽을 따라 이어진다. 40번지에 안내판이 있다.

⓫ 성벽은 생제르맹 대로에서 끊어졌다가 다시 계속된다. 쿠르 드 로앙에 탑이 하나 남아 있는데 코메르스 생 탕드레 안마당을 통해 들어갈 수 있다.

⑫ 마자린 거리는 센 강까지 이어지는 성벽의 바깥 해자 위에 만들어졌다. 35번지의 작은 정원과 27번지의 지하주차장에서 흔적을 찾아볼 수 있다.

⑬ 탑의 꼭대기는 파사주 도핀 13번지에 있는 어학원 2층 테라스에서 가장 잘 보인다. 어학원의 한 강의실 벽은 실제로 성벽의 일부다. 놀랍지 않은가?

⑭ 마자린 거리는 느베르 거리와 이어졌어야 한다. 하지만 벽 하나가 가로막고 있다. 바로 필립 오귀스트의 성벽이다!

⑮ 게네고 거리 29번지에 있는 또 하나의 탑.

성벽은 센 강과 맞붙어 있는 넬 탑에서 끝난다. 탑은 콩티 강둑의 현재 프랑스 학사원 자리에 있었다.

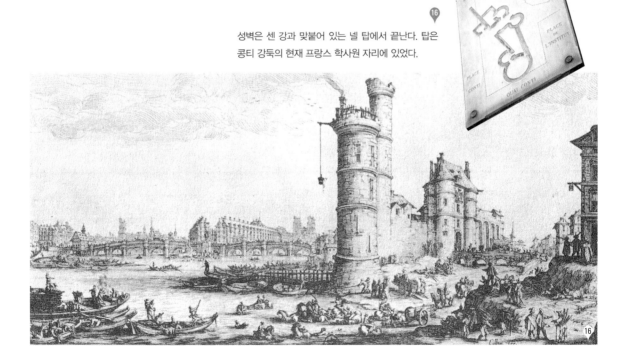

모베르 뮈튀알리테

대학의 비상

모베르 광장은 교통의 중심지다. 한쪽으로는 갈랑드 거리와 몽타뉴 생트 쥬트비에브 거리를 통해 리옹과 로마까지 잇는 로마길이며, 다른 한쪽은 스페인의 산티아고 데 콤포스텔라까지 이르는 길이다.

13세기 이후, 대학이 기하급수적으로 늘어났다. 부유한 귀족이나 종교계에서 학생들이 숙식을 하며 공부할 수 있는 기관을 만들었다. 모베르 광장과 생트 쥬느비에브 산 사이의 곳곳에 대학이 생겨났다.

세계의 지식이 파리의 작은 구역에 모두 모였다. 15세에서 50세의 폭넓은 연령의 학생들이 75개 학교에서 4만 2000명가량 강의를 들었다.

이미 그때부터 야외토론이 있었다. 1229년 학생들이 경비병들의 화살에 맞아 죽는 사고가 발생했다. 교수, 학생들이 추모 시위를 벌이며 수업을 거부했다. 학사 파업은 2년이나 계속되다가 결국 해결됐다. 피해 학생의 가족은 보상을 받았으며, 대학은 새로운 특권을 얻었다. 섭정이었던 블랑슈 드 카스티유는 임대한 방세를 합리적인 수준으로 낮추라고 주택 소유주들을 설득해 학생들의 마음을 달랬다.

얼마 뒤 학생들이 외면한 모베르 광장은 음울한 장소로 전락했다. 교수대가 설치된 고통의 장소가 되어버린 것이다. 하지만 곧 지식과 영혼의 중심지 역할을 되찾았다. 콜레주 드 프랑스, 생 루이, 앙리 4세, 루이 르 그랑 고등학교 등이 들어섰다.

LES ÉCOLES DE LA RUE DU FOUARRE.

LES ESCHOLIERS DU TEMPS JADIS.

2

알베르 로비다 〈옛날의 학생들〉 (1907)

모베르 뮈튀알리테
Maubert-Mutualité

Saint-Michel

Rue Danton

Boulevard Saint-Michel

1

Rue St-Julien-Le-Pauvre

Rue Galande

푸아르 거리
R. du Fouarre

4

Quai de Montebello

Cluny-la Sorbonne

5

Rue Dante

13

Rue Domat

Rue Lagrange

17

메트르 알베르 거리
Rue Maître Albert

Quai de la Tournelle

14

Rue de Cluny
클뤼니 거리

Boulevard Saint-Germain

Rue des Bernardins

Maubert-Mutualité

3

15

R. Jean de Beauvais

Rue des Carmes

11

7

Rue des Écoles

10

Rue de la Sorbonne

Rue Saint-Jacques

12

카름 거리 Rue des Carmes

Rue de Poissy

6

Rue du Cardinal Lemoine

Rue Monge

16

8

Rue Valette

Rue Cujas

Rue Laplace

Cardinal Lemoine

Rue Soufflot

Rue Clovis

9

Rue Clotilde

팔레 드 라 뮈튀알리테에 있는
국립디자인학교 정면.

📍1 대학 터

12세기에 순례자와 여행자의 대부였던 생 쥘리앙 르 포브르에게 헌정한 교회가 세워졌다. 로마네스크 양식에서 고딕 양식으로 바뀌는 모습을 볼 수 있다. (갈랑드 거리 79번지)
현재의 전면부는 17세기에 만들어졌지만 아직도 12세기의 부벽과 상부 장식, 기둥이 남아 있다. 내부 홀의 앞쪽 두 열의 의자도 12세기의 것이다. 대학이 생겼을 때 학장이 이 교회에 거처했다.

'모베르'라는 이름의 유래 📍2

광장 이름인 모베르는 '알베르 선생'이라 불리던 수도사 알베르 폰 볼슈퇴트의 라틴어 이름, 마지스터 모부스를 우스꽝스럽게 축약한 것이다. 그는 독일계 도미니크파 수도사로 1245년에 파리 대학의 신학 교수로 임명됐다. 교회의 천편일률적 교육을 거부한 그의 강의에 호기심 가득 찬 젊은이들이 몰려들었다. 교수는 야외, 특히 강가 진흙 위에서 강의를 했다. 신앙심이 충만했던 만큼 몸도 튼튼했던 그는 해가 쨍쨍 내리쬐건 비가 오건 항상 나무 궤짝 위에 올라서 강의를 했다.

③ **모베르의 옛 모습**

19세기에 모습이 달라지기 전 모베르 광장은 지금보다 훨씬 작았을 뿐 아니라 접근이 어려울 정도로 좁고 길었다. 분수 하나로 꽉 찬 현재 모습이 처음의 크기를 짐작하게 해준다. 삼각형의 공간이 북쪽으로 카름 거리까지 뻗었다가 라그랑주 거리로 되돌아온다.

건초에서 나온 이름 푸아르 거리 ④

푸아르는 '푸라주'(건초)를 뜻하는 고어다. 지적 호기심으로 충만한 학생들이 센 강을 운항하는 배에서 하역한 건초 다발 위에 앉아 강의를 들었기 때문에 길 이름이 됐다. 푸아르 거리에는 밤낮으로 학생들의 왕래가 많았다. 1358년 모든 것이 변했다. 혈기왕성한 젊은이들이 창녀들과 노닥거리는 것을 막기 위해 거리 양편에 두 개의 문이 설치되었고 해가 지면 문을 잠갔다.

⑤ **단테의 추억**

얼굴이 바짝 마른 피렌체 젊은이가 건초 다발 위에 자리 잡고 앉았다. 『신곡』을 쓰기 전 단테 알리기에리였다. 몇 걸음 거리에 단테 거리가 있는 이유다.

6 가장 오래된 대학

가장 오래된 대학 중 하나는 설립자인 르무안 추기경의 이름으로 불린다. 모든 기록은 이 대학이 17세기 말에 완전히 철거됐다고 전한다. 하지만 나를 따라오면 몇몇 흔적을 발견할 수 있다. 카바레 극장인 '르 파라디 라탱'은 이 대학 위에 지어졌다. (카르디날 르무안 거리 28번지)

카바레와 인접한 사유 도로에 오래된 건물의 벽면과 널찍한 돌을 볼 수 있는데 17세기 옛 대학의 일부다.

옛날 계단의 입구로 보이는 움푹 파인 벽에 바싹 다가오시라. 돌에 손으로 파서 새긴 글씨를 읽을 수 있을 것이다. 전형적인 17세기 글씨로 'escholiers', '3C'라고 씌어 있다. 계단 3C에 거주하는 학생을 나타내는 표시다. 감동적이지 않은가?

7 가장 아름다운 대학

오늘날 남아 있는 가장 아름다운 대학 건물은 1224년 설립된 베르나르댕 대학이다. (푸아시 거리 20번지) 14세기에 증축된 이 건물은 원화창의 고딕식 창문을 간직하고 있다. 여지껏 진가를 인정받지 못했던 파리의 중세 민간 건축 양식을 보여주는 인상적인 증거물이다. 지하 저장창고로 쓰였던 궁륭형 지하실과 수도원의 구내식당이었던 1층이 남았다. 35m가 넘는 건물은 파리에 있는 고딕 건축물 중 가장 길다. 5년간의 보수 공사를 마친 뒤 일반에게 개방돼 황홀함을 선사하고 있다.

스코틀랜드 대학의 공포 ⑨

스코틀랜드 대학 건물은 카르디날 르무안 거리 65번지에 있다. 계단과 앞뜰, 특히 길가에 '스코틀랜드 대학'이라 쓰인 간판, 'F. C. E.(스코틀랜드 대학 영지)'라 쓰인 문장이 보인다. 공포 정치 시절 감옥으로 쓰이다가 1806년에 성공회 교회가 됐다.

⑧ 칼뱅의 도주

발레트 거리 21번지. 1394년 설립된 포르테 대학의 중정으로 들어오라. 불쑥 튀어나온 계단이 속세를 떠나고 싶은 충동을 느끼게 한다. 학생이었던 장 칼뱅이 이단으로 몰려 쫓길 때 바로 그랬다. 그는 이 계단에서 지붕을 타고 달아난 뒤 제네바로 가서 개혁 이론을 펼쳤다. 운명의 아이러니는 포르테 대학이 바로 반개혁파의 산실이 됐다는 사실이다. 바로 1572년 만들어진 드 기즈 공작의 가톨릭 동맹이다. 성 바르톨로메오 대학살의 주범이다.

⑩ 소르본 대학의 성공

소르본 대학은 왕의 고해신부 로베르 드 소르봉이 1257년 설립했다. 그는 젊은이를 학문의 길로 인도해야 한다는 확고한 신념을 지녔다. 다른 대학들이 신학과 철학적 주제로 소모적인 논쟁에 휩싸였을 때, 확고한 논지로 무장한 소르본 대학은 번영의 길을 달렸다.

17세기 리슐리외 추기경이 상당한 돈을 투자해 지붕의 문장에 금박을 입혔다. 오늘날 모습은 추기경이 보수하고 19세기에 재보수했다. 예배당 안에 지라르동이 조각한 추기경의 석관이 있다. 중정의 불규칙한 포장 위에 그려진 흰색 선이 최초의 건물 자리를 알려준다.

🔖 다른 대학 돌아보기

카름 거리 14번지에 1314년 설립된 프렐 대학의 유적
이 있다. 16세기에 지은 예배당이 건재하다.

🔖 카름 거리 17번지에선 1334년 설립된 롱바르 대
학 예배당의 자취를 볼 수 있다. 1760년에 만든 문과 예
배당은 분수에서 흘러나오는 물로 인해 침식되고 있다.

🔖 1321년 세워진 코르누아유 대학 건물이 갈
랑드 거리에서 도르마 거리 12bis 번지로 이어지
는 작은 골목에 숨어 있다. 첫 번째 안마당에 7세
기 전 대학의 입구가 있다.

클뤼니 7번지에는 삼위일체교파의 13세
기 수도원 유적이 남아 있다. 당시 생 브
누아 르 베투르네 교회의 부속기관으로
세워졌다. 200년 뒤 성당 참사회원 기욤
드 비용이 파리에서 가장 유명한 학생 중
한 명이었던 프랑수아 비용(15세기 프랑
스의 서정시인 —옮긴이)을 길렀다.

⑮ 장 드 보베 9bis 번지에는 17세기의 예배당
이 현대 건물 사이에 끼여 있다. 1365년에 세워
진 도르망 대학의 부속건물이다.

⑰ 홍수의 기억

옛날에는 센 강의 둑이 그리 높지 않고 성토도 제대로 되지 않았
기 때문에 모베르 광장이 상습적으로 침수됐다. 광장 29번지에
는 매트르 알베르 거리 쪽으로 반쯤 지워진 안내판이 남아 있다.
1711년 홍수 당시 물이 찼던 높이다.

⑯ 1460년 설립된 생트바르브 대학(발레트 4번지)은 1999
년까지 지금은 거의 사라진 학문인 논리학을 가르쳤다. 현재
는 대학 도서관이 됐다. 이 대학은 르네상스 시기의 시인들을
길러내서 유명한 코크레 대학을 흡수했다.

오텔 드 빌

제3계급의 탄생

오텔 드 빌Hôtel de Ville(시청) 지하철역은 교훈적이다. 1호선 플랫폼에서 열리는 상설 전시가 수도의 정치제도 역사를 설명하고 있다. 공화국의 비밀을 잘 모르는 사람들을 위한 훌륭한 학습장이다.

우리는 지금 강 오른편에서 가장 오래된 항구가 있었던 오텔 드 빌 광장에 있다. 규모가 큰 시청 건물 뒤의 생제르베 교회 자리에 센 강 오른편의 첫 번째 기독교 예배 시설이 세워졌다.

12세기 이후 센 강의 물류를 독점했던 파리 뱃사공 조합의 후신인 물 상인 조합이 강력한 힘으로 땅을 확보하고 항구를 조성했다. 바로 그레브 항구다.

13세기 말부터 조합은 군주를 상대하는 시민 대표가 됐다. 생 루이 왕이 처음으로 파리 지방정부를 구성했을 때 당연히 이 조합에서 관리자가 나왔다. 파리의 문장紋章도 조합의 것이다. 문장에는 강물 위에 범선이 그려져 있고 '푸룩투아 넥 메르기투르Fluctuatnecmergitur', 즉 '흔들릴지언정 가라앉지 않는다'는 글귀가 씌어 있다.

1357년 상인조합장prévôt des marchands(미래의 파리 시장 −옮긴이)인 에티엔 마르셀이 왕권과 대항해서 파리 상인들의 집회를 열었던 곳도 바로 그레브 항구와 맞닿고 시장 관사가 있는 이 광장이다.

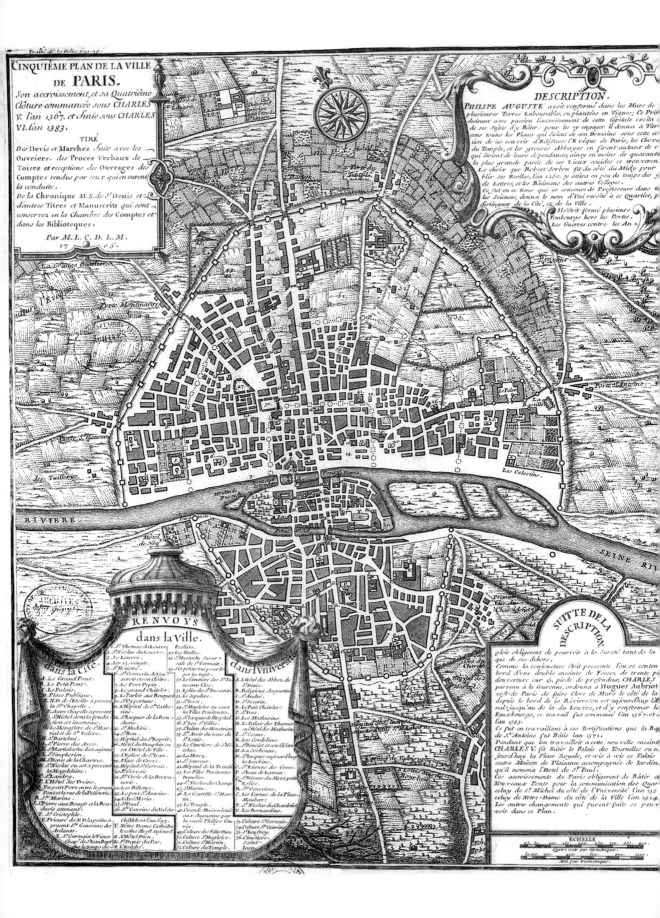

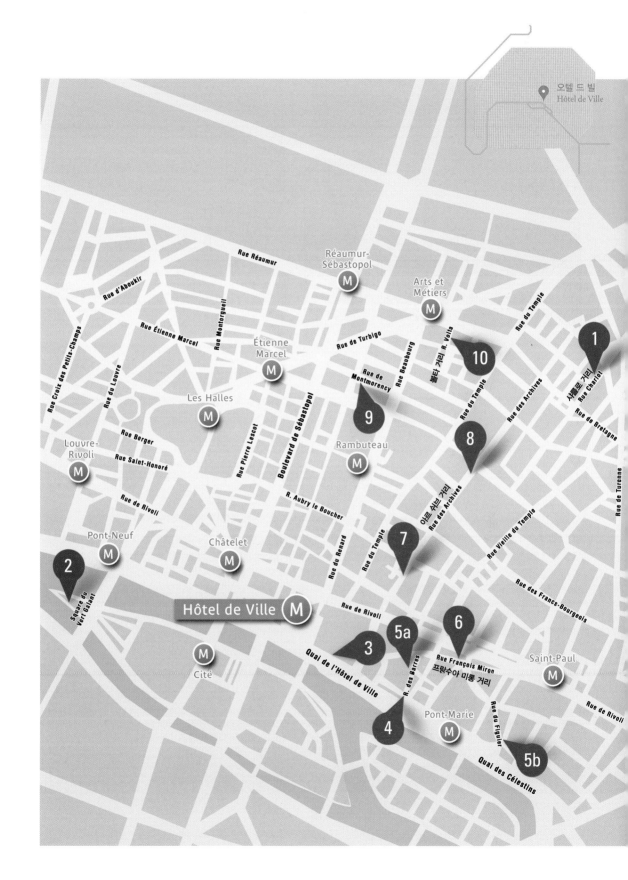

오텔 드 빌
Hôtel de Ville

Rue Réaumur

Réaumur-Sébastopol

Arts et Métiers

Rue d'Aboukir

Rue Étienne Marcel

Rue Montorgueil

Rue de Turbigo

Rue du Temple

1

Rue des Petits-Champs

Étienne Marcel

놀타 거리 R. Voila

10

Rue Chariot

Rue Croix des Petits-Champs

Rue du Louvre

Rue de Montmorency

Rue Beaubourg

Rue du Temple

Rue de Bretagne

Les Halles

9

Rue des Archives

Louvre-Rivoli

Rue Berger

Rue Pierre Lescot

Boulevard de Sébastopol

Rambuteau

8

Rue de Turenne

Rue Saint-Honoré

R. Aubry le Boucher

아로 시브 거리
Rue des Archives

Rue de Rivoli

Rue du Renard

Rue du Temple

7

Rue Vieille du Temple

Pont-Neuf

Châtelet

Rue des Francs-Bourgeois

2

Square du Vert Galant

Hôtel de Ville M

Rue de Rivoli

6

5a

Saint-Paul

Cité

Quai de l'Hôtel de Ville

3

R. des Barres

Rue François Miron
프랑수아 미롱 거리

Rue de Rivoli

4

Pont-Marie

Rue du Figuier

5b

Quai des Célestins

153

🔵 성당 기사단의 최후

14세기는 드라마 속에서 시작된다. 1307년 미남왕 필립은 왕의 권위를 넘보는 성당 기사단을 박멸하기로 결심한다. 왕의 남자들은 주거지와 마구간, 교회, 4개의 작은 탑, 높은 동종을 가진 요새로 이뤄진 기사령을 포위했다. 1792년 8월 왕의 가족들이 이 기사령에 유폐되었다. 샤를로 거리 73번지 낡은 건물의 벽면 사이에 탑의 잔해가 남아 있다.

🔵 이교도의 화형

기사단 최후의 영주, 자크 드 몰레는 장작 더미 위에서 화형됐다. 오늘날 시테 섬의 서쪽 끝인 베르-갈랑 공원의 앙리 4세 동상이 있는 자리다. 1314년 처형 당시 이곳은 유대인의 섬이라 불리는 무인도였다. 1577년 앙리 3세가 파리에 처음으로 돌로 만든 퐁뇌프 다리를 만들 때 이 섬을 정리했다. 세 개로 나뉘었던 섬이 메워져 하나가 됐으며 이 작은 공간 역시 시테 섬의 일부가 됐다.

에티엔 청동상

상인조합장이었던 에티엔 마르셀은 오텔 드 빌 건물 옆 정원에 멋진 청동상으로 서 있다. 1888년 파리 시청 관리들은 이 동상을 세웠다. 옛 상인조합장에게 경의를 표시함으로써 정치적 항의를 하려는 의도였다. 1871년 파리 폭동에 놀란 제3공화국 정부는 파리의 움직임을 예의주시하고 있었다. 그런 상황에서 에티엔 마르셀을 기념하는 것은 곧 파리의 정치적 독립을 요구하는 의미였다. 사디 카르노 대통령은 동상 제막식에 참석하지 않음으로써 확고한 의사 표시를 했다. 센 강 지사인 위젠 푸벨, 곧 '쓰레기통의 사나이'(푸벨은 프랑스어로 쓰레기통이다 —옮긴이)가 기념사를 대신 읽었다. 파리지앙이 새로 시장을 뽑기 위해서는 1977년까지 기다려야 했다. 그 시장이 바로 자크 시라크였다.

1583년의 오텔 드 빌과 그레브 광장.

📍 파리의 모래 둑

에티엔 마르셀 동상 앞으로 가려면 로텔 드 빌 거리를 따라가야 한다. 왼쪽으로 생제르베 교회 앞, 바르 거리의 계단을 통해 그곳이 강 오른편 최초의 거주지였음을 알 수 있다. 센 강에서 범람한 물이 여기까지는 미치지 못했기 때문이다.

이 '바르'(둑)는 10세기 말 파리의 두 번째 성벽을 떠올리게 한다. 그것은 높은 나무 울타리였는데 해자 위로 윗부분이 튀어나와 있었다. 2009년 리볼리 거리 도로 공사 때 울타리가 드러났다.

3m 깊이의 V자형 해자가 길이 20m, 폭 12m 정도 발견됐다. 울타리에 대해서는 길 이름 말고는 아무것도 남아 있지 않다.

⑤ 중세 건축

바르 거리와 그르니에 쉬르 로 거리가 교차하는 곳의 16세기 저택을 보면 탄성이 난다. 2층 벽을 장식한 수선화 문양은 대혁명 때 훼손됐다. 로텔 드 빌 거리를 오텔 드 상스(피기에 1번지)까지 거슬러 올라가면 또 하나의 경탄할 만한 중세 건축물이 있다.

⑥ 메종 두르캉

14세기 파리의 꼬불꼬불한 길을 좀 더 산책하려면 푸랑수아 미롱 거리에 가보라. 중세풍의 집들이 많이 남아 있다. 44번지의 메종 두르캉은 아름다운 고딕식 지하저장소를 보존하고 있다. 파리의 옛 모습을 보호하기 위해 설립된 문화유산보호협회가 입주했다.

빌레트 수도원 경내

푸랑수아 미롱 거리 끝에서 아르쉬브 거리로 들어서면 26번지에 15세기 초에 생긴 빌레트 수도원이 있다. 파리에서 유일하게 수도원 경내를 둘러볼 수 있다.

클리송 문

58번지에 이르면 환상적인 올리비에 드 클리송 문이 기다리고 있다. 1375년 만들어졌다. 클리송은 샤를 5세의 전쟁에 참전한 용감한 군인이었다. 이 문은 대혁명 때부터 이 자리를 지켰던 국립문서보관소 건물의 일부다. 원래는 오텔 드 수비즈였는데 18세기 초 고전주의 건축양식의 환상적인 예로 남아 있다. 이 건물을 마주 보고 서서 왼쪽을 보면 안마당으로 들어가는 것을 막아 놓은 쇠창살이 있다. 이 통로는 16세기 예배당의 일부다. 마로니에 나무가 있는 정원이 같은 시기의 건물에 닿아 있다. 모두 기즈 저택의 일부였는데 클리송 문의 아치 위 문장이 있다.

재창조된 중세 ❿

볼타 거리 3번지의 집 역시 14세기 초에 지은 것으로 파리에서 가장 오래된 집으로서의 자격이 있다. 이 집 1층은 2개의 전형적인 중세 상점으로 구성되어 있다. 하지만 이 건축물이 17세기에 중세풍으로 지은 것이라는 주장도 있다.

❾ 연금술사 니콜라

몽모랑시 51번지에서 '니콜라 플라멜의 집'이라고 불리는 건물이 있다. 파리에서 가장 오래된 집이다. 신비스러운 연금술사는 한 번도 이 집에 산 적이 없다. 관대한 플라멜은 파리에 볼일이 있어 올라오는 시골 사람들을 이 집에 머물게 했다. 건물 전면부에 고딕 글씨로 이렇게 써 있다. '매일 주기도문과 아베마리아를 외우면서 신께 은총과 용서를 비는 것만으로 은총의 해 1407년에 지은 이 집에서 머물 권리를 갖는다.'

Nicolas Flamel, d'après Rembrandt (estampe du xviiᵉ siècle).

CHÂTEAU
DE VINCENNES

Au Meurtre !

Charles V dans les Bois de Vincennes

Charles VII à Paris

Jean sans Peur

Louis le Onzième

Jean sans Peur leva, en l'an de grâce mil quatre cent dix, une armée pour occire les Armagnacs !

Comment Jeanne la pucelle fut blessée lors du siège de Paris

샤토 드 뱅센

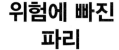

위험에 빠진 파리

파리를 떠나 웅장한 자태를 뽐내는 샤토 드 뱅센 앞에 서 보자.

우아한 모습의 동종이 있는 그 성은 과거 왕들의 거주지이자 피난처였다. 민중 폭동을 두려워한 샤를 5세는 시테 궁전에 머물길 거부했다. 보다 안전한 장소를 원한 왕은 파리 외곽, 오늘날 셀레스탱 강둑에 오텔 생폴을 짓도록 했다.

그는 또 샤토 드 뱅센을 지을 것을 명했다. 1371년에 동종과 성벽이 완성됐다. 1380년에는 요새를 감싸는 외부 성벽 공사가 마무리됐다. 왕의 계획은 자신에게 감옥이 될지도 모르는 파리를 떠나는 것뿐만 아니라 새로운 통치체제를 갖추는 것이었다.

궁정 관리들과 서기, 비서들의 역할이 점점 커졌다. 현대 국가처럼 각료들에 둘러싸인 군주체제로 변화하고 있었다. 프랑스는 보다 확고한 토대가 필요했다. 15세기, 왕과 왕자들은 자신의 특권과 영지를 넓혀 지도를 새로 그리려 해 복잡다단한 상황이었다.

1380년 즉위한 '미친 왕' 샤를 6세는 권력을 섭정들에게 넘겼으며 섭정들은 왕궁의 보물을 횡령했다. 이 시기에 프랑스 왕을 지지하는 아르마냑파와 영국 왕과 연대한 부르고뉴파가 서로를 교대로 학살했다.

랭브르 형제 〈베리 공작의 풍요로운 시간들〉
15세기. 12월의 사냥. 뒤쪽으로 샤토 드 뱅센이 보인다.

Réaumur-
Sébastopol

3

Ⓜ

Rue de Turbigo

Ⓜ

Rue Étienne Marcel
에티엔 마르셀 거리

Ⓜ

Étienne Marcel

Arts et
Métiers

Rue du Temple

Rambuteau

Ⓜ

Rue des Archives

Rue Vieille du Temple

Rue de Turenne

1

Bd de Sébastopol

Rue de Rivoli

Châtelet

Ⓜ

Hôtel
de Ville

Voie Georges Pompidou

Ⓜ

Rue de Rivoli

프랑크 부르주아 거리
R. des Francs-Bourgeois

Saint-Paul

Ⓜ

2

Quai des Célestins
셀레스탱 강둑

R. Saint-Paul

사토 드 뱅센 📍
Château de Vincennes 📍

Rue Lejemptei

Avenue de Paris

Château de
Vincennes

Ⓜ

Rue des Vignerons

Rue du Donjon

8

Cours de Maréchaux

Avenue Carnot

7a

7b

Avenue des Minimes

165

1 막다른 골목길의 범죄

아르마냑파와 부르고뉴파의 전쟁은 샤를 6세의 동생인 루이 도를레앙 공작의 암살 사건이 도화선이 되었다. 부르고뉴 공작, '겁 없는' 장의 명령에 따른 것이었다. 루이 도를레앙 공작은 오늘날 프랑크 부르주아 38번지에 해당하는 아르발레트리에 골목길에서 부르고뉴 하수인들에게 살해됐다.

2 왕을 위한 교회

샤를 5세는 1361년 오텔 생폴을 짓도록 명령했지만, 하루도 그곳에 머물지 않았다. 하지만 뇌브 생 피에르 23번지에 가면 생폴 교회의 흔적이 있다. 당시 파리의 성 밖이었던 이곳은 왕을 위한 본당교회였다.

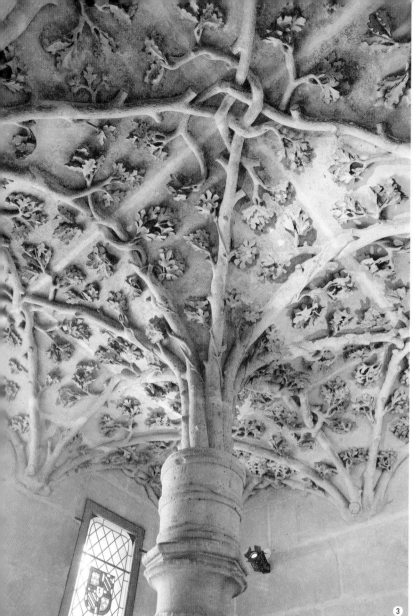

③ '겁 없는 장'의 탑

1407년에 부르고뉴 공작은 모콩세유 거리에 위치한 자신의 저택을 작은 성으로 꾸민다. 그는 27m 높이의 견고한 탑을 세우라고 명한다. 이 놀라운 중세 부르고뉴 양식 건축물은 파리 한복판인 에티엔 마르셀 거리 20번지에서 볼 수 있다. 1층에는 경비대의 숙소가 2층에는 거실, 3층에는 아름다운 홀, 4층에는 시종들의 침실, 5층에 공작의 화려한 방이 있다. 나선형 계단의 맨 꼭대기에서 부르고뉴 공작의 흥미로운 추억 두 개를 엿보자. 하나는 궁륭을 타고 오르는 나무줄기 조각이다. 나무줄기는 세 가지 종류의 잎사귀를 가지고 있다. 하나는 아버지를 상징하는 참나무 잎, 다른 하나는 어머니를 상징하는 산사나무 잎, 그리고 또 하나는 자신을 상징하는 홉의 잎이다. 또한 두 개의 스테인드글라스가 있다. 하나는 공작의 무기가, 다른 하나는 대패가 그려져 있다. 그림은 루이 도를레앙의 위협에 대한 공작의 대답이었다. 루이 도를레앙은 그를 몽둥이 한 방으로 끝내고자 했지만, 겁 없는 장은 적을 대패로 밀어버렸다!

4 라신의 추억

16세기에 '겁 없는 장'의 부르고뉴 저택은 완전히 개조돼 연극 극장으로 바뀐다. 나중에 바로 이곳에서 피에르 코르네유가 대표작들을 상연하고, 좀 더 뒤에 장 라신이 자신의 대부분의 작품을 창작했다. 오텔 드 부르고뉴는 새로운 장르였던 코믹 오페라를 선보였던 1783년까지 극장으로 남았다. 한때 가죽 가게로 바뀌었다가 1858년 에티엔 마르셀 거리를 낼 때 완전히 헐렸다.

5 영국 왕의 죽음

1422년 8월, 36세의 영국 왕 헨리 5세가 이질에 걸렸다. 샤토 드 뱅센의 동종에서 요양하던 그에게 한 은자가 임종이 가까웠음을 알린다. 그는 영혼은 하나님께 바치고 프랑스 영토는 동생인 베드포드 공작 존에게 양도한다. 그가 죽자 왕의 시신을 옮기는 문제에 봉착한다. 시신을 웨스트민스터 사원으로 옮기기 위해서는 방부 기술자를 찾아야 하는데 전쟁 와중에 전문가를 구할 수 없었다. 할 수 없이 시신을 삶기로 결정했으며, 왕은 하얀색 상자에 담긴 유골의 모습으로 마지막 여행을 완수했다.

6 그리고 마자랭의 죽음

1661년 초, 어린 루이 14세의 총리였던 마자랭 추기경도 최후의 순간을 마주했다. 다리 관절염으로 고통받았고, 기침도 그치지 않았다. 사혈을 반복하던 의사들은 파리의 나쁜 공기가 상태를 악화시킨다고 판단했고 그를 공기가 깨끗한 샤토 드 뱅센으로 옮겼다. 그해 3월 추기경은 뱅센에서 숨을 거두었다. 그 무렵 궁정도 뱅센으로 옮겨온다. 루브르에서 불이 나 갤러리 몇 곳의 지붕이 무너졌기 때문이다.

7 루이 11세의 공헌

루이 11세는 파리에서 떨어져 지냈지만 파리의 중요성을 알았기에 좀 더 가까이서 살폈다. 바로 샤토 드 뱅센에 주어진 임무였다. 영국 왕 헨리 5세가 죽자 동종은 버려졌다가 감옥으로 쓰였다. 1470년 루이 11세는 성의 남서쪽에 동종과 같은 모양의 파비옹을 지으라고 명령했다. 또한 성당도 짓게 했는데, 1층으로 된 홀과 현기증이 날 정도로 높은, 중세 고딕 양식의 절정기인 15세기 말 건축물이다.

동종 둘러보기

동종은 붕괴 위험이 있다는 이유로 1995년에 폐쇄됐다. 12년 동안, 2만 여 개의 돌을 교체하는 등 막대한 보수 작업을 거쳐 파리의 중세 건축물로 다시 문을 열었다.

드골도 뱅센으로

1958년 공화국 대통령으로 당선된 드골 장군은 엘리제 궁으로 들어가기를 거부했다. 그는 엘리제가 불편하고, 외국 정상들을 맞는 데 어울리지 않다고 판단했다. 결국 공화국 권력의 심장부를 샤토 드 뱅센으로 옮기려 했으나 포기하고 말았다.

PALAIS-ROYAL-
MUSÉE DU LOUVRE

팔레 루아얄 뮈제 뒤 루브르

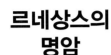

르네상스의
명암

지하철역 출구 앞 조형물은 '키오스크 데 녹탕빌'(몽유병자들의 놀이터 –옮긴이)로 불린다. 새 천 년(2000)과 파리 지하철 100주년을 기념해 만든 작품이다. 팔레 루아얄 뮈제 뒤 루브르 역, 이 상징적인 장소에서 사람들을 맞는다. 루브르는 이미 16세기부터 여러 사건의 중심지였다. 1527년 프랑수아 1세가 파리에 도착했을 때, 그는 전쟁에 패배한 수치스러운 왕이었다.

샤를 캉트에 맞선 이탈리아 원정은 궤멸로 끝났다. 포로로 잡힌 그는 200만 에퀴의 몸값을 지불하고서야 1년간의 감옥 생활을 끝낼 수 있었다. 몸값의 일부는 부자든 가난뱅이든 파리지앙들이 모은 돈이었다. 훌륭한 신하와 백성에게 감사를 표시하기 위해 왕은 샹보르 성을 떠나 일시적으로나마 파리지앙들 속, 즉 루브르에 머물기로 했다. 하지만 실패한 이탈리아 원정은 왕에게 궁극적인 승리를 안겨 주었다.

왕국에 르네상스의 불꽃을 옮겨온 것이다. 그는 이탈리아에서 예술작품뿐 아니라 건축 아이디어도 가져왔다. 새로운 시대의 상징으로서 낡고 거대한 동종을 허물었다. 중세의 요새는 점점 더 르네상스식 성에 자리를 내줬다. 1546년부터 건축가 피에르 레스코Pierre Lescot가 세 개의 돌출부와 문을 둘러싼 기둥, 동상, 원형 또는 삼각형 창을 가진 남쪽 날개 부분을 만들었다.

조르주 브라운 〈세 명의 인물〉. 이 지도는 1530년 파리 모습을 보여준다.

나폴레옹이 만든 리볼리 거리. 나치 점령기에 독일 군이 설치한 감시 구멍으로 바라본 모습이다. 콩코 드 광장의 해양부 건물에 있다.

팔레 루아얄 뮈제 뒤 루브르
Palais-Royal-Musée du Louvre

Boulevard des Capucines

Rue du Quatre-Septembre

Rue Saint-Augustin

Rue de la Paix

Rue Gaillon

Rue Danielle Casanova

Place Vendôme

Rue Sainte-Anne

Rue Vivienne

Pyramides
M

Rue des Petits-Champs

Rue d'Aboukir

Rue Saint-Honoré

Rue du Marché Saint-Honoré

Avenue de l'Opéra

Rue Thérèse

Rue de Richelieu

Rue Étienne Marcel

Tuileries
M

Rue de Montpensier

Rue de Valois

Rue Croix des Petits-Champs

Rue du Louvre

Rue Saint-Honoré

Rue du Colonel Driant

Rue Coquillière

4

Rue de Rivoli

13

M   Palais-Royal-
      Musée du Louvre

Place du Carrousel

7

8

리볼리 거리 Rue de Rivoli

1

Rue Berger

Louvre-
Rivoli
M

Rue Saint-Honoré

12

9

11

2

3

Quai François Mitterrand

6

5

Rue du Pont-Neuf

Pont-Neuf
M

175

1380년의 루브르 모습.

📍 장군의 후손

1572년 8월 24일 프랑수아 1세의 손자인 샤를 9세는 프랑스의 개신교
도를 박멸하기 위해 성 바르톨로메오 대학살을 자행한다. 새벽녘에 한
부대가 베티시 거리와 라르브르섹 거리 쪽에 있던 콜리니 제독의 저택
으로 향했다. 그는 개신교 세력의 상징적인 인물이었다. 가톨릭 군인들
은 그를 암살해 시신을 창문으로 던져버렸다. 제독의 저택은 리볼리 거
리 개통 때 사라졌다. 리볼리144번지에 집터를 가리키는 안내판이 있다.
1811년 나폴레옹이 인근 리볼리 160번지의 오라토리오 수도원 교회를
보수해 그에게 경의를 표했다. 1889년 그곳에 제독의 동상이 세워졌다.
귀스타브 크록의 작품은 영적인 화해를 위해 시행된 국가적 모금행사로
만들어졌다.

② 루브르의 변신

루브르는 1360년 샤를 5세 때 왕궁이 됐다. 이후 대부분의 왕이 루브르를 자신의 취향대로 개보수했다. 이는 1854년 나폴레옹 3세가 왕궁 주변을 답답하게 가렸던 성벽들을 없애라고 명령할 때까지 계속됐다. 오늘날 루브르의 모습은 대부분 나폴레옹 3세 때의 것이다. 하지만 마지막 변신이 남아 있다. 프랑수아 미테랑 대통령의 뜻에 따라 유리 피라미드가 세워졌다. 건축가 밍 페이Ming Pei의 작품인 유리 피라미드는 세계 최대의 박물관에 걸맞은 출입구를 선사했다.

📍 ③ 건축가 페로의 주랑

태양왕 루이 14세는 루브르 궁전에 도시를 향한, 거대한 출입구를 만들기를 원했다. 강력한 힘과 패권을 파리지앙에게 과시하기 위해서였다. 1671년 건축가 클로드 페로는 생제르맹 록세루아 교회 맞은편에 웅장한 주랑(기둥으로 연결된 긴 복도)을 만든다. 하지만 공사는 중단됐다. 베르사유 쪽으로 눈을 돌린 루이 14세가 더 이상 루브르에 관심을 갖지 않아서였다. 지지부진하던 공사는 140년 뒤인 1811년이 되어서야 끝을 맺었다.

기마르 역에서 본 모습.

장 미셸 오도니엘의
작품인 '키오스크 데 녹탕빌'.

4 팔레 루아얄 역

팔레 루아얄은 루브르가 아니라 리슐리외 추기경이
지은 화려한 거주공간이다. 추기경과 왕이 죽고 난
뒤, 섭정이 된 안 도트리슈는 자신의 기호에 맞는 새
로운 궁전으로 들어가길 원했다. 그녀는 1644년 두
아들, 즉 미래의 루이 14세와 필립 도를레앙을 데리
고 리슐리외의 옛 저택에 들어간 뒤 팔레 루아얄로 이
름을 고쳤다. 많은 개보수를 거쳐 현재는 참사원과 문
화부가 사용하고 있다.

중정 앞 갤러리를 놓치지 말자. 18세기 파리에서 가장 안락한 장소였다.

위대한 시기의 웅장함

센 강과 직각으로 왕궁과 이어지는 긴 건물이 프티 갤러리다. 샤를 5세의 지하 감옥 위에 지어진 이곳은 카트린 드 메디치Catherine de Médicis가 자신이 지은 튈르리 궁전과 루브르를 잇기 위해 만들었다. 특히 2층의 아폴론 갤러리는 위대한 세기의 화려하고 웅장한 왕궁 모습을 보여준다.

여우 사냥

센 강을 따라 서쪽으로 뻗은 그랑 갤러리는 앙리 4세 때 완성됐다. 선한 왕의 문자들을 볼 수 있다. H자 하나와 겹쳐진 두 개의 G자는 앙리와 가브리엘 데스트레(앙리 4세의 정부 – 옮긴이)를 의미한다. 루이 13세 때 여기서 유명한 '황금 루이' 금화를 주조했다. 앙리 4세는 자식들에게 사냥을 가르치기 위해 여우 사냥 놀이를 벌이기도 했다.

황제의 문

나폴레옹 1세의 명에 따라 '위대한 군대'(나폴레옹 군대의 별명 —옮긴이)를 찬미하기 위해 세운 카루셀 개선문은 틸르리 궁전의 정문이 되었다.

나폴레옹 정원

유리 피라미드가 있는 나폴레옹 정원 안으로 들어가 보자. 프랑스를 빛낸 위인들이 늘어선 갤러리가 있다. 이 정원을 둘러싼 건물은 나폴레옹 3세가 만들었는데, 그는 리볼리 거리를 따라 이어지는 건물과 센 강에 연한 건물 사이의 비대칭성을 수정하고자 했다. 나폴레옹 1세는 건축학적인 고려와 상관없이 자신의 갤러리를 따라 파리지앙들이 산책을 즐기는 리볼리 거리를 만듦으로써, 이를 19세기를 여는 기념물로 삼고 싶어 했을 뿐이다. 로앙 문까지의 루브르 건물은 나폴레옹 1세의 작품으로, 나폴레옹의 꿀벌들(문장에 새겨진 꿀벌)을 통해 그가 이 작품을 발주했다는 사실을 알 수 있다.

⑨ 왕좌의 그늘

이제 루브르 내부로 들어가 보자. 궁전이 박물관으로 바뀌면서 내부는 변화가 불가피했다. 하지만 몇몇은 원래의 모습을 고수했다. 바로 앙리 2세의 거실과 여인상 기둥을 잇는 앙리 2세 계단, 퍼레이드 방이다. 생루이 예배당의 성가대석 뒤편에 있는 이 환상적인 방의 남쪽 벽은 다른 벽보다 두께가 두 배다. 필립 오귀스트 때의 루브르의 화려함을 보여주는 증거다. 법정이었던 곳으로 왕은 축제나 귀빈 접견 때 이 방에 왔다. 왕좌는 중앙 아케이드 아래, 두 개의 세로 홈이 파인 기둥 사이에 있었다. 또한 르네상스 시대에 만들어진 네 개의 여인상 기둥도 볼 수 있다.

시계탑 왼쪽 건물인 '레스코 날개'는 파리에서 가장 아름다운 르네상스 양식의 건물이다.

⑩ 모나리자의 여행

프랑수아 1세는 레오나르도 다빈치의 모나리자를 자신의 퐁텐블로 성에 걸었다. 왕이 죽은 뒤 그림은 루브르로 옮겨졌다. 이후 루이 14세는 베르사유의 집무실 벽을 장식하기 위해 가져왔다. 1798년 모나리자는 박물관으로 바뀐 루브르로 돌아왔지만 오래 있지 못했다. 제1통령이 된 나폴레옹이 1800년 튈르리 궁전에 있는 조세핀의 방에 그림을 걸어 애정을 표현했다. 1804년에서야 루브르로 돌아왔다. 1911년에 모나리자 도난 사고가 일어난다. 범인은 빈센초 페루기아라는 이탈리아 노동자였는데, 모나리자를 화가의 나라로 가져가기 위해서였다. 2년 뒤 되찾아 루브르에 터를 잡았다. 이후에도 미국과 러시아, 일본 등으로 몇 차례 전시회를 갖기도 했다. 2005년 이후 세계적인 불후의 명작은 그 이름에 걸맞게 보수된 '국가들의 방'에서 전시된다.

🔖 루브르 읽기

루브르는 파리에서 가장 면적이 넓은 건물이며, 세계에서 가장 빛나는 박물관이다. 이 모든 것이 프랑수아 1세 때 시작됐다. 그의 아이디어에서 출발한 작업은 무려 300년 만에 완성됐다. 루브르를 아름답게 만드는 데 기여한 모든 왕들이 자신의 흔적을 남겼다. 전면부에서 볼 수 있는 H자들은 앙리 2세의 것이다. 남쪽 벽면의 HDB는 앙리 드 부르봉, 즉 앙리 4세를 말한다. K도 있는데 샤를 9세를 지칭한다. 오늘날의 사각형 중정은 루이 13세가 시작했다. 레스코 날개의 북쪽 건물인 쉴리 날개도 마찬가지다. 거기서도 왕의 글자들을 볼 수 있다. 그리스 자모 람다, 즉 λ를 겹쳐 쓴 것과 L과 A를 포개놓은 것은 루이 13세와 왕비인 안 도트리슈를 의미한다. 루이 14세는 건축가 루이 르보의 도안에 따라 북쪽 날개와 동쪽 날개를 사각형 중정 옆에 덧대는 대규모 작업을 펼친다. 그 역시 문자를 남겼다. 왕관을 쓴 L자나 루이 드 부르봉의 약자인 LB다.

🔖 뒤집힌 N

카루셀 개선문에서 파비옹 드 플로르까지의 건물은 새로 지은 것이다. 앙리의 H가 나폴레옹 3세의 N으로 바뀐 것을 알 수 있다. 파비옹 레디기에르 종탑의 N자를 유심히 보라. 글자가 뒤집혀 있다. 황제의 권력을 평화롭게 뒤집는 방법이다.

🔖 공화국의 문자들

로앙 문에서부터 리볼리 거리에 접한 건물들은 나폴레옹 3세 때의 것이다. 그는 위대한 건축가였다. 공화국 역시 흔적을 남겼다. 파비옹 드 마르상의 굴뚝과 소벽에서 제3공화국의 RF자를 볼 수 있다.

앵발리드

위대한
세기의 대가

센 강 왼편의 이 부█도심은 17세기까지만 해도 진흙 밭과 늪지대에 불과했다. 루이 14세는 이곳에 자신의 영광을 위해 몸 바친 직업군인과 상이용사를 위한 시설을 만들고자 했다.

베르사유 건축에 심취해 있던 그는 앵발리드 건설을 '위대한 통치 기술'이라고 여겼다. 태양왕은 말년에 자신이 전쟁을 즐겼던 것을 후회했다. 사실 대포 소리, 총탄을 뚫고 전진하는 부대, 비명은 언제나 그를 감동시키고 열광케 했다.

이를 위해 그는 엄청난 돈을 쏟아 부었고 여러 세대의 씨가 마르는 것을 기꺼이 받아들였다. 그동안의 죄를 씻기위해 앵발리드를 지었다. 텅 빈 평원에 높이 105m의 황금돔을 올려 파리 어디에서든 볼 수 있도록 한 것도 그 때문이다. 국왕 폐하의 영광을 위해 희생한 군인들을 영원히 기념하도록 말이다.

1674년 루이 14세는 막 완성된 건물의 용도를 왕명으로 발표했다. '위대함을 기리는 왕립 저택으로, 불구가 됐거나 늙고 기력이 없는 모든 병사와 장교들이 생계 걱정 없이 거주할 수 있는 공간.'

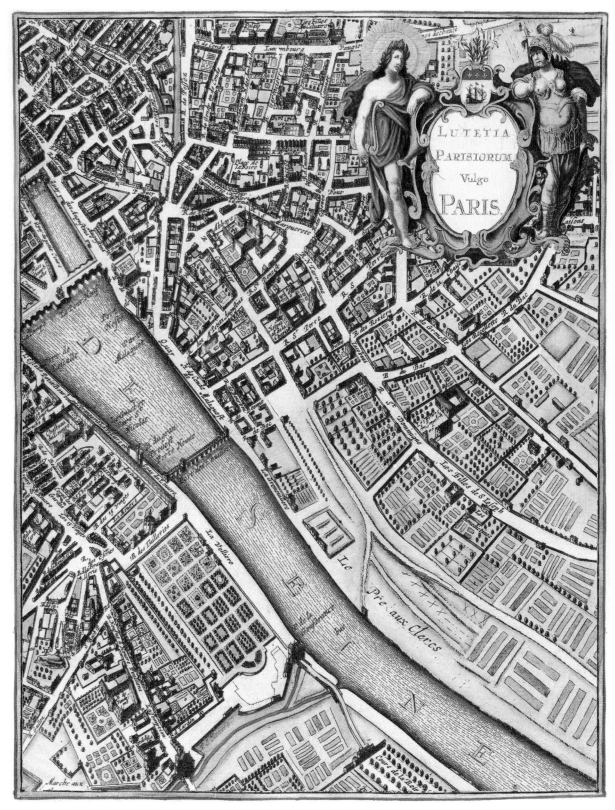

〈베르사유 궁전의 태피스트리〉 1670년 루이 14세가 구상한 앵발리드의 기초다.

앵발리드Invalides

Opéra
Bonne Nouvelle
5a
5b

13b
Bd St-Denis
Bd St-Martin

Place Vendôme
Strasbourg-Saint-Denis

Tuileries

Pont-Neuf

Invalides
Quai d'Orsay

3

Quai de Gesvres
제브르 강둑

1

Bd de La Tour-Maubourg
Esplanade des Invalides
Rue de l'Université

Rue Saint-Dominique

Rue de Bourgogne

La Tour-Maubourg
8

13a
9

Av. de La Motte-Picquet
Varenne

7
Rue de Varenne

12
Saint-Marcel
6

Bd des Invalides

Av. de Tourville
11

로피탈 대로
Bd de l'Hôpital

📍 오래된 퐁뇌프

오늘날 파리의 다리 중 가장 연장자인 퐁뇌프는 1607년에 완성됐다. 명칭의 부조리 앞에서 논리적인 사고를 발휘해야 한다. 이 다리는 아홉(뇌프) 번째가 아니라 다섯 번째 다리다. 가장 새로운(뇌프) 게 아니라 가장 오래된 다리다. (프랑스어 neuf는 '9'와 '새로운'이라는 뜻을 동시에 가지고 있다 ─옮긴이)

📍 루이 14세의 대로

1670년 루이 14세는 샤를 5세의 성벽을 허물라고 지시한다. 강 오른편 성벽은 바스티유에서 마들렌까지 이어지는 대로Boulevard로 대체되어 사람들이 걸을 수 있는 길이 된다. '대로'란 단어는 새로운 길을 일컫기 위해 이때 생겼는데, 전형적인 파리의 것이다. 단어에는 두 가지 기원이 있다. 하나는 네덜란드어 '볼베르크Bolewerk'로, 강화 작업(볼은 대들보, 베르크는 작업을 뜻한다)을 말한다. 따라서 성벽을 의미한다. 또 하나는 성벽을 허물었을 때 그 자리가 정원 또는 산책로가 되어 파리지앵들이 그 길을 '불 베르Boule vert'(푸른 공)라고 부른 것이 대로Boulevard가 되었다. 대로는 휴식과 산책의 장소였다.

강변 돌아보기

오늘날 센 강변의 풍경은 루이 14세 때 시작된 작업의 결과다. 강 오른편, 그레브 강둑과 메지스리 강둑 사이에 비가 조금만 와도 진창이 되는 길쭉한 땅이 있었다. 1664년에 태양왕은 제브르 후작에게 퐁 노트르담과 퐁 토 상쥬 사이에 강둑을 만들라고 지시한다. 현재 제브르 강둑 자리다. 지하철 7호선 샤틀레 역의 플랫폼은 바로 제브르 강둑 밑에 있다. 이브리-빌쥐프 시청 쪽을 향해 이 플랫폼을 바라보면 다른 곳보다 궁륭이 낮은 것을 볼 수 있다. 17세기 강둑의 기초다.

파리의 걱정거리

17세기에 이미 파리의 거리는 무척 붐볐다. 도시는 물 마차들과 가금류 상인들의 나무 광주리 수레, 곡식 마차, 호화로운 사륜마차, 수수한 이륜마차들로 북적댔다. 화가 니콜라 게라르는 파리의 걱정거리와 행인들이 주의할 점을 판화와 시로 남겼다. '파리를 걸으려면, 눈을 부릅뜨시오. 모든 방향으로 귀를 열어놓으시오. 부딪치고 넘어지고 다치지 않으려면… 소음 속에서 때론 크고 때론 작은 목소리, 비켜, 비켜, 거기 비켜요, 이 소리를 듣지 못하면 당신은 마차에 깔리고 말 것이오.'

두 개의 개선문

생드니 거리를 거슬러 올라가면 루이 14세가 1672년 성벽을 허문 자리에 세운 장엄한 생드니 개선문이 있다. 같은 길의 동쪽으로 200m 떨어진 지점에 수수하게 서 있는 생마르탱 문과 비교하면 고대의 중심축보다 중세의 중심축이 압도적임을 단번에 알 수 있다. 10세기 이후 강 오른편의 중심축이 생마르탱 거리에서 새로 놓은 퐁 토 상쥬로 이어지는 생드니 거리로 이동했음을 떠올리자.

⑥ 영광의 이면

루이 14세는 자신이 구상하는 도시에 빈민들이 어울리지 않는다는 것을 깨달았다. 1656년에 그는 대포의 화약을 만들던 옛 병기창 자리에 병원이자 감옥인 살페트리에르 병원을 짓도록 명한다. 이 병원은 결코 환자를 치료하지 않았다. 그저 걸인들과 방랑자들을 가둬두었을 뿐이다. (로피탈 대로 47~83번지) 이곳은 태양왕의 영광에서 멀어진 병사를 수용했던 앵발리드의 시민 버전이었다. 살페트리에르 병원의 원래 소임인, 정신병자들을 묶어두었던 벤치가 남아 있다.

🔴7 태양과 그늘

앵발리드 안에 교회를 세울 때 문제가 발생했다. 하나밖에 없는 교회에서 왕과 병사들이 어떻게 함께 예배를 볼 것인가? 아루두앙–망사르가 해결책을 찾아냈다. 한 건물이 둘로 나누어졌다. 대형 홀은 병사들을 위한, 돔 아래 성가대석은 왕을 위한 예배당이었다. 1873년 그 사이에 유리벽을 설치함으로써 상상 속의 분리가 실제적인 분리로 승화되었다.

🔴8 왕의 귀환

앵발리드 '영예의 문' 위 부조에는 마르스, 미네르바와 함께 있는 루이 14세의 기마상이 있다. 그것은 쿠스투와 지라르동의 작품이다. 하지만 기마상은 대혁명 때 파괴되었으며 1816년에 샤르틀리에가 다시 만들었다.

LUDOVICUS MAGNUS
MILITIBUS REGALI MUNIFICENTIA
IN PERPETUUM PROVIDENS
HAS AEDES POSUIT AN M.DC.LXXV.

앵발리드의 옛 구내식당 안. 갑옷은 샤를 캉트가
프랑수아 1세에게 선물한 것이다.

📍⑨ 늑대가 본다

루이 14세의 전쟁 장관이었던 프랑수아 드 루아아François de Louvois는 앵발리드의 건축을 위해 몇 년 동안 힘을 쏟았다. 그는 자신의 이름을 중정에 수수께끼 형태로 박아 넣음으로써 교묘하게 스스로를 앵발리드에 초대했다. 건물 지붕 앞, 군사적 영광에 헌정된 트로피들을 살펴보라. 전면부 동쪽 위, 나폴레옹의 동상에 등을 대고 황제 쪽에서부터 여섯 번째 트로피를 자세히 보면 한 마리의 늑대가 중정을 바라보는 창문 장식이 있다. 이제 이해가 될 것이다. '루브아Loupvoit'(늑대가 본다는 뜻 −옮긴이). 경애하는 후작은 자신의 일생일대 걸작에 사인을 남겼다.

위에 올라가면 벽에 이름과 그림이 새겨져 있다. 퇴역군인들이 끄적이던 낙서다. 케누아 복도를 향해 북서쪽으로 가면 그르나디에 동상 뒤쪽 난간 위에 새겨진 그림을 볼 수 있다. 굽이 닳은 구두 그림으로 루이 14세 시대의 귀족들이 신던 붉은 굽의 신발이다. 위대한 세기의 낙서다. 서쪽 복도의 오른쪽 난간 위에도 낙서가 있다.

🔟 위대한 세기의 낙서

2층으로 올라가다 보면 갤러리로 이어지는 통로가 있다. 옛날 공동침실로 가는 길이다. 이 계단은 경사가 매우 완만한데 상이용사들을 배려한 것이다.

⑪ 황제의 무덤

나폴레옹은 앵발리드에 군사적인 경의를 가지고 있었다. 그는 상이군인을 정기적으로 방문했으며, 앵발리드에 상당한 예산을 배정했다. 레지옹 도뇌르 훈장의 첫 수여식이 이곳에서 열렸다. 1840년 12월 세인트헬레나 섬에서 가져온 황제의 유골이 당연히 앵발리드의 교회에 묻혀야 했다. 루이 필립 왕은 건축가 루이 비스콩티에게 기념물을 의뢰했다. 그는 돔 아래 거대한 구멍을 팠다. 1861년 황제의 유골이 파란색 군복과 함께 그곳에 매장됐다. 황제의 돌인 자주색 반암으로 만든 황제의 석관은 초록색 화강암 받침대 위에 놓여 있다. 그 주위를 월계관과 나폴레옹의 승리를 찬양하는 묘비명들이 둘러싸고 있다.

📍 진짜 묘석

교회 밖, 남쪽 나무 아래 있는 버려진 묘석을 찾아보라. 수수한 돌이 세인트헬레나 섬에서 옮겨질 때의 원래 묘석이다.

📍 센 강의 나폴레옹

나폴레옹의 동상은 중정에서 잘 보이는 2층에 서 있다. 1833년 루이 필립 왕이 조각가 샤를 에밀 쇠르에게 의뢰해 만들었다. 방돔 광장의 원주 꼭대기에 있던 것인데, 1863년 나폴레옹 3세가 보다 황제다운 모습으로 교체하라고 지시해서 카이사르의 토가를 걸친 황제 동상으로 바뀌었다. 한 손을 조끼 속에 넣고 이각모를 쓴 원래의 나폴레옹 동상은 처음엔 롱푸앵 드 쿠르브부아에 있다가 제2제정이 무너질 때 센 강에 버려졌다. 덕분에 동상은 1870년 프로이센–프랑스 전쟁과 1871년 파리 코뮌의 불길을 피할 수 있었다. 1876년에 다시 센 강에서 건져 올렸지만 35년 동안 잊혀져 있다가, 1911년 앵발리드에서 제 자리를 찾았다.

바스티유

교외의
분노

우리는 타일과 유리로 된 오페라 극장 앞에 서 있다. 그럼에도 바스티유, 즉 1370년 샤를 5세가 세운 군사 보루를 떠올리게 된다.

생탕투안 문을 보호하기 위해 만든 요새는 두꺼운 성벽으로 연결된 8개의 탑과 깊은 해자를 가지고 있었다. 17세기 이후 바스티유는 거추장스러운 존재로 전락했다. 전략적 용도가 이미 폐기됐으니 무엇으로 쓰면 좋을까? 리슐리외 추기경은 감옥으로 바꾸는 빛나는 아이디어를 냈다. 정적을 가둬두는 소임을 가진 특별한 감옥이었다.

하지만 바스티유를 유지하는 데 너무 많은 비용이 들었다. 장교들과 군인, 관리자, 의사, 부속사제의 월급을 지급해야 했다. 점점 줄어드는 죄수에 비해 간수들의 수가 너무 많았다. 1788년 요새를 허무는 계획이 세워졌다. 왕이 걱정할 필요가 없었다. 생탕투안 교외 주민들이 작업에 참여했다.

분노에 찬 군중이 1789년 7월 14일 바스티유를 공격한 사건은 상징일 뿐이다. 절대왕정에 반대한다는 의사표현이다. 수감 중이던 7명의 사기꾼은 무기를 든 군중이 자신들을 해방시켜준 사실에 놀랐다. 특히 자신들을 승리자로 앞세워 거리로 나서는데 깜짝 놀랐다.

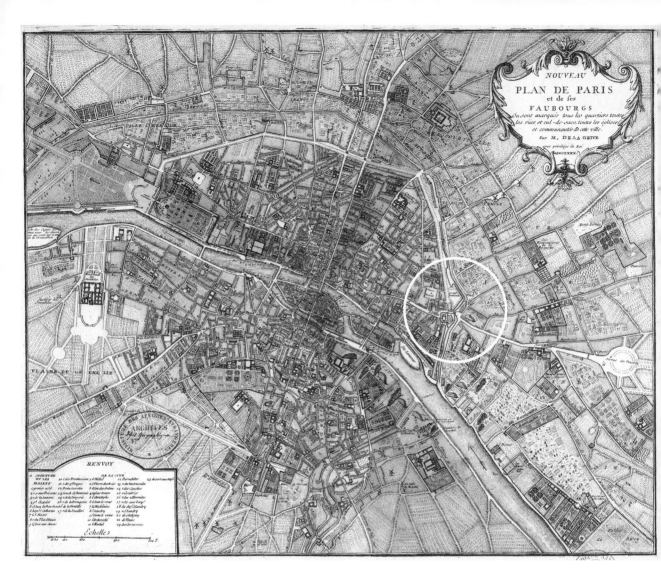

장 드라그리브의 18세기 파리와 근교를 표시한 새 지도.
(원 안의 지역이 생탕투안 교외)

수완 좋은 사업가 바스티유 팔루아가 요새의 돌을 깎아
바스티유 모형을 만들어 팔았다.
(그 하나가 카르나발레 박물관에 전시되어 있다)

바스티유Bastille

Boulevard Beaumarchais

Cour Damoye

8

Rue de la Roquette

Rue Saint-Antoine

6

Place de la Bastille

5

2

샤롱똥 거리 Rue de Charenton

9

M Bastille

Boulevard Henri IV

1

Boulevard Bourdon

M
Saint-Paul

7

앙리 4세 대로
Boulevard Henri IV

Ledru-Rollin

M

10

M
Sully-Morland

4

M 생탕투안 거리 Rue du Faubourg-St-Antoine

M

Boulevard Bourdon

Faidherbe-Chaligny

🔖 지하철 안의 요새

지하철을 타고 바스티유 역에 도착해 5호선 플랫폼으로 가 보자. 벽에서 튀어나온 것처럼 보이는 오래된 돌이 있다. 바로 바스티유 성벽의 기초로 1905년 지하철 공사를 할 때 발견되었다. 바닥에 그어진 노란 선도 옛 요새의 흔적이다. 그게 전부가 아니다. 부르동 대로 방향으로 나가는 출구에서도 요새 성벽의 또 다른 조각을 볼 수 있다.

🔖 포장 위의 흔적

앙리 4세 대로와 생탕투안 거리 쪽으로 나가 바닥을 보면 갈색 포석이 옛 요새의 위치를 자세히 묘사하고 있다. 현재의 위치와 약간의 차이만 있을 뿐이다.

원주의 파라오 🔖

광장 한가운데의 녹색 원주가 '영광의 3일Trois Glorieuses'에 쓰러진 영웅들을 기리며 자랑스럽게 서 있다. 1830년 7월 사흘 동안 샤를 10세를 권좌에서 쫓아낸 사건이다. 원주 밑에 7월 혁명의 순교자 504명을 묻을 예정이었다. 그래서 리슐리외 거리의 정원에 매장됐던 시신들을 파냈다. 하지만 나폴레옹이 이집트 원정에서 가져온 이집트 미라 몇 구가 그곳에 묻혀 있었다. 이들이 함께 이장되는 바람에 파라오이거나 대사제였던 미라들이 바스티유 광장에서 영면하고 있다.

해자에서의 뱃놀이

센 강 쪽 요트 항구인 아스날 항구가 1983년 생마르탱 운하와 연결되었다. 바스티유의 해자가 있던 자리에 만들어졌다. 항구의 오래된 돌 중 일부는 바스티유의 잔해에서 나왔다.

마지막 독방

등을 광장 쪽으로 돌리고 앙리 4세 대로를 따라 몇 발자국 가다 47번지, 레스토랑 '테타테트Tête-à-Tête'에서 멈추자. 이 건물의 지하실은 바스티유의 마지막 독방이었다. 혁명의 분노로 잊혀진, 아주 작지만 깊은 감옥이다.

금빛 정령

루이 필립이 만든 54m 높이의 기념비는 1840년 4월 28일에 세워졌다. 녹색 원주 꼭대기의 황금빛 정령은 1792년 의회(국민공회)의 서약에 답한다. 정령은 '쇠를 깨뜨리고 빛을 뿌리면서 날아가는 자유'를 상징한다.

📍 7 자유의 탑

앙리 4세 대로를 쭉 따라가면 앙리 갈리 공원이 나온다. 무성한 풀 속에 거대한 회색빛 돌이 있다. '자유의 탑'의 기초 부분이다. 바스티유의 8개 탑 중 하나다. 유적은 지하철 공사 때 옮겨졌다가 이곳에 놓여졌다. 1호선 생폴 역과 바스티유 역 사이에 이 탑이 있다.

📍 8 장인과 예술가

산업화된 생탕투안 근교의 흔적이 몇 개 남았다. 사람의 손길이 닿아 여전히 활력 있는 뒤뜰을 걸어보라. 바스티유 광장 2번지, 쿠르 다무아를 건너면 19세기의 아틀리에 거리가 나온다. 옛날의 장인들은 우아한 예술 갤러리에 자리를 내줬다.

🎯 바리케이드의 그늘에서

사랑퉁 거리와 바스티유 광장 쪽의 집은 복잡하고 유명한 이 지역에서도 감동을 준다. 1848년 혁명 당시 가구상들이 이곳에 거대한 바리케이드를 세웠다.

🎯 몽트뢰이 분수

생탕투안 구역 184번지 앞의 이 분수는 프랑스 대혁명의 출발점이었다. 1789년 4월 이곳에서 멀지 않은 곳에 장 바티스트 레베이옹이 색종이 공장을 열었다. 이 즉흥적인 경제학자는 파리 시의 빈곤을 없애자는 제안으로 파리로 들어가는 통행세 폐지와 임금 삭감을 청원했다. 분노한 장인들과 노동자들이 공장을 공격했다. 수비대가 교외를 포위했고, 노동자들에게 발포했다. 수비대 병사 12명이 죽었고 노동자 300여 명이 목숨을 잃었다. 두 달 반이 지난 7월 14일까지 교외의 분노는 식지 않았다.

🎯 사람들이 멀리한 분수대

1810년 나폴레옹은 사라진 바스티유 자리에 코끼리 모양의 분수를 세우는 기이한 아이디어를 냈다. 24m 높이의 코끼리가 코로 물을 뿜는 형태였다. 실제 크기의 석고 모형이 만들어졌고 늙은 경비가 밤낮으로 작품을 지켰다. 그는 코끼리의 한쪽 다리 속에서 머물렀다. 1846년 이 석고상을 철거할 때 코끼리 잔해에서 쥐떼가 몰려나와 생탕투안 교외를 공포로 몰아넣었다.

유명한 수감자 🎯

혁명 직전 사드 후작이 그의 문란한 생활을 비난한 계모의 신고로 바스티유에 수감됐다. 탄약을 구하기 위해 바스티유로 몰려온 사람들을 향해 후작은 감방 창문에서 소리 질렀다. '간수들이 바스티유 수감자들의 목을 졸라 살해한다. 선한 시민들이여, 우리를 구해달라!' 사람들은 바스티유에서 혹독한 고문과 살인이 자행되는 줄 알고 몸을 떨었다. 하지만 실제로 『소돔에서의 120일』의 저자인 그는 감옥에서 훌륭한 대접을 받고 있었다. 심지어 후작의 편의를 배려해 두 개의 방이 주어졌다.

레퓌블릭

연극의
5막

지하철역에서 나오면 뚱뚱한 마담 레퓌블릭République(공화국이라는 뜻, 레퓌블릭이 여성 명사여서 마담이라고 부른다 -옮긴이) 동상의 발밑에 이른다. 파리 시청의 대규모 도시정비 계획에 따라 광장의 대부분 지역에서 자동차가 사라져 보행자들 차지가 되었다.

과거 레퓌블릭 광장은 샤토 도 광장이라 불렸다. 그때는 탕플 대로가 출발하는 큰 교차로였다. 뒤 탕플 대로, 즐거움의 신전(탕플)이자 오락의 신전이었다. 많은 불(당시는 대로Boulevard를 그렇게 불렀다)들의 출발지가 생드니, 생마르탱 개선문과 현재의 장 피에르 탱보 거리 사이의 지역에 집중되어 있었다. 그것은 시르크 디베르Cirque d'hiver('겨울 서커스'란 뜻으로 겨울에 공연하는 유명한 서커스 극장의 이름 -옮긴이)까지 뻗어나갔다.

이에 비해 불의 나머지 부분은 소박한 분위기였다. 귀족과 부르주아들은 파리의 익숙한 지역에서 멀리 벗어나기를 두려워했고, 노동자층은 구체제Ancien Regime의 냄새가 물씬 풍기는 파리 중심으로 감히 들어오지 못했다.

모든 것이 나폴레옹 3세 치하에서 바뀌었다. 황제는 파리를 좀 더 현대적이고 여유 공간이 있는 도시로 만들기를 원했다. 센 지사였던 오스만 남작이 작업을 개시했다. 그는 널찍한 대로를 만들었다.

혼돈 속에서 곡괭이 자루의 힘으로 파리의 많은 옛 모습이 사라졌다. 그때 활력과 축제의 중심은 더 세련된 지역이던 서쪽으로 옮겨갔다. 오늘날의 오페라 일대는 질서를 원했던 나폴레옹 3세의 구상을 떠올리게 한다. 이렇게 도시를 정비한 걸 후회해야 할까? 뒤틀린 집과 좁은 골목길로 된 파리가 20세기로 진입할 수 있었을까?

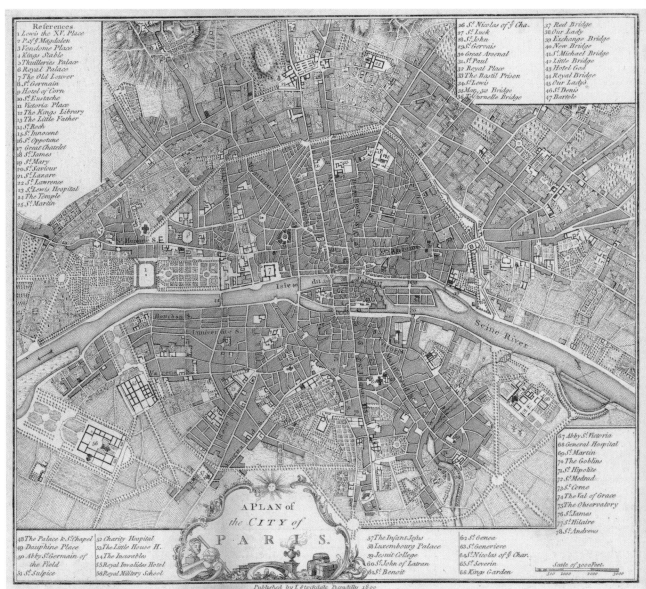

제2제정 시기의 대로 풍경.

오페라 가르니에는 파리를 정비한 오스만 남작 최후의 상징이다

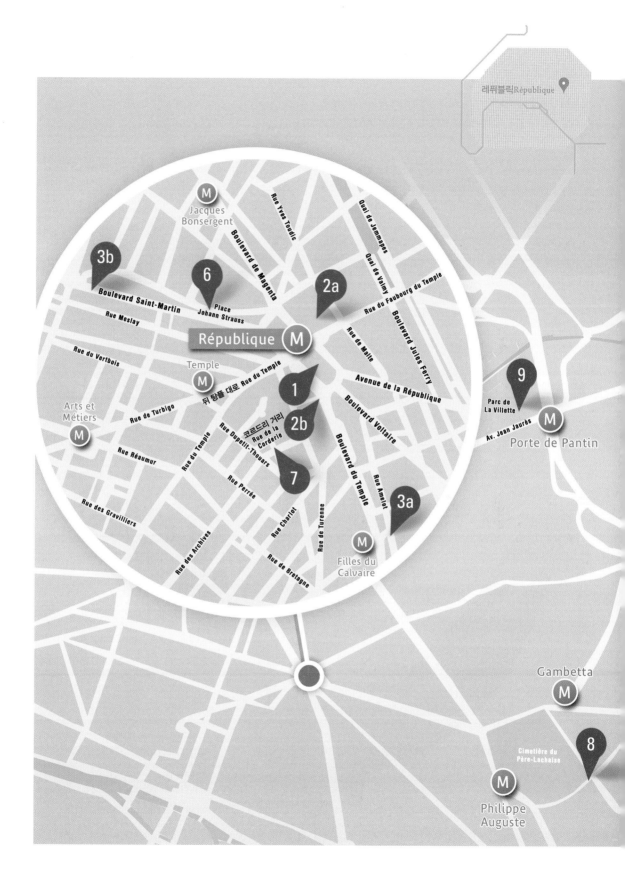

레퓌블릭République

Jacques
Bonsergent

3b

6

2a

Boulevard Saint-Martin

Rue Meslay

Boulevard de Magenta

Rue Yves Toudic

Quai de Jemmapes

Quai de Valmy

Rue du Faubourg du Temple

Place
Johann Strauss

Boulevard Jules Ferry

République **M**

Rue de Malte

Rue du Vertbois

Temple

M

뒤 탕플 대로 Rue du Temple

Avenue de la République

1

9

Parc de
La Villette

Arts et
Métiers

M

Rue de Turbigo

코르드리 거리
Rue de la
Corderie

2b

Boulevard Voltaire

Av. Jean Jaurès

M
Porte de Pantin

Rue Dupetit-Thouars

Rue Réaumur

Rue du Temple

7

Boulevard du Temple

Rue Amelot

Rue Perrée

Rue des Gravilliers

Rue Charlot

Rue de Turenne

3a

Rue des Archives

Rue de Bretagne

M
Filles du
Calvaire

Gambetta

M

Cimetière du
Père-Lachaise

8

M

Philippe
Auguste

① 마담 레퓌블릭

해방 노예의 상징이던 '보네 프리지아'(대혁명 때 급진주의자들이 쓰던 붉고 챙 없는 모자 —옮긴이)를 쓰고 한 손에는 올리브 가지, 다른 한 손에는 세계인권선언을 든 마담 레퓌블릭은 수많은 대중 시위를 청동의 시선으로 지켜보고 있다. 석조 좌대 위에 서 있는 마담 레퓌블릭의 발밑에는 공화국의 세 가지 가치가 새겨졌다. 자유는 횃불로 상징되며, 평등은 삼색기로 구체화되고, 박애는 풍요의 잔(꽃, 과일 등이 쏟아져 나온다는 전설이 있다)으로 대표된다. 파리의 정치 환경에 중요한 요소가 된 기념비는 1884년 7월 14일에 세워졌다. 제3공화국을 신격화하기 위해 신성한 이념을 이토록 세속적으로 표현한 것이다.

② 범죄의 대로

1830년경, 뒤 탕플 대로는 유명 극장들이 모여 있는 극장가였다. 사람들은 이 간선도로에 '범죄의 대로'라는 별명을 붙였다. 매일 저녁 극장마다 대중의 즐거움을 위해 사람을 때려 죽이고, 목 졸라 죽이고, 독약을 먹여 죽이는 공연을 했기 때문이다. 1854년에 나폴레옹 3세는 위젠 왕자의 병영 막사(현재 공화국 수비대의 베린 막사)를 지었다. 1862년에 아직 레퓌블릭 광장이라고 불리기 전인 샤토 도 광장이 크게 확장되었다. 당시 범죄의 대로에 있던 방들이 거의 모두 파괴됐다. 1851년에 지어진 데자제 극장은 오스만 남작의 파괴 작업을 피해 뒤 탕플 대로 41번지에 남아 있다. 폴리 마예르, 폴리 콩세르탕테스, 폴리 누벨로 이름이 바뀌다가 당시 유명 여배우였던 비르지니 데자제가 사들였다. 1939년 영화관으로 바뀐 이 극장은 연극계와 예술가들의 반대 시위가 없었다면 1976년 슈퍼마켓으로 바뀔 뻔했다.

③ 약간의 흔적들

아믈로 거리 110번지에 1852년 세워진 시르크 디베르는 범죄의 대로에서 살아남은 또 하나의 생존자다. 제7의 예술(영화)이 나온 초기에 영화관으로 바뀌었다가 1923년 다시 서커스 극장으로 바뀐 이곳은 부글리온, 프라텔리니, 자바타 등 위대한 연기자들을 배출했다.

④ 땀의 맛

1848년 연극은 무대에서만 벌어진 게 아니었다. 공화주의자들의 끓어오르는 분노 속에서 무정부주의자 클럽, 사회주의자 클럽 또는 공산주의자 클럽에서 연일 토론이 벌어졌다. 어느 날 저녁 예술학교(뤼 베르제르)에서 열린 한 클럽에서 어느 토론자가 '부르주아는 인민의 땀을 먹고 산다'고 주장했다. 이에 젊은 보드빌(가벼운 희극) 작가인 위젠 라비슈가 강단으로 올라섰다. '시민 여러분, 나는 내 뜻과 상관없이 출생이라는 우연으로 아무리 저주를 해도 모자랄 카스트에 속해 있습니다. 하지만 실제로 땀을 맛보니 그 계급이 우리 신교도 형제들의 땀을 편식하고 즐긴다고 하는 말은 아무래도 과장된 것 같습니다.'

⑤ 너그러운 살인자

대로에서 자타가 공인하는 스타는 프레데릭 르메트르였다. 그는 1823년 이후 랑비귀-코믹 극장 무대에서 '아드레 여인숙'이란 작품으로 엄청난 인기를 끌었다. 음악과 발레가 있는 음울한 멜로드라마였는데 배우가 즉흥 연기와 유머로 내용을 바꿔가며 이끌었다. 이 연극이 초기 공연에서 실패하자, 우렁찬 목소리의 거장인 르메트르가 내용을 바꿔버렸다. 그가 연기한 유명한 도적 로베르 마케르는 너그럽고 유머가 풍부한 살인자였다.

1830년의 랑비귀 극장.

⑥ 그 많던 극장들은 어디 갔을까?

범죄의 대로를 파괴할 때 유명한 연극 극장들은 다른 곳으로 떠났다. 이스토리크 극장은 샤틀레 극장이 됐다. 시르크 올랭피크도 샤틀레 광장으로 옮겨 테아트르 드 라 빌이 됐다. 라 게테 극장은 파팽 거리로 이사해 게테 리리크 극장으로 이름을 바꾸었다. 레 폴리 드라마티크 극장은 르네 불랑제 거리로 옮겼으나 1930년대에 영화관으로 바뀌었다. 랑비귀는 살아남았으나 1966년 해체된 뒤 은행이 됐다. (요한 스트라우스 광장 1번지) 앙드레 말로(작가·당시 문화부 장관)가 해체 허가서에 서명했다.

오늘날 모습.

📍7 파리 코뮌의 시작

코뮌의 추억은 코르드리 거리 14번지에도 스쳐갔다. 바로 이 주소에서 국제노동자협회(제1인터내셔널)가 1871년 2월 16일 파리 봉기를 명령했다. 바로 한 달 뒤, 몽마르트르 언덕에서 첫 번째 폭동이 일어났다. 정부 수반이던 아돌프 티에르는 모든 정부 요인을 데리고 베르사유로 피신했다. 그때부터 베르사유와 파리 코뮌 가담자들 사이에 유혈 전투가 벌어졌다.

📍8 그리고 끝

1871년 5월 베르사유 군대가 학살을 자행하며 다시 수도를 포위했다. 몽마르트르에서, 뤽상부르 공원에서, 팡테옹 앞에서, 그리고 다른 많은 곳에서 약탈과 총격전이 벌어졌다. 5월 28일 밤 마지막 반란군들이 페르 라셰즈 공동묘지로 피신했다. 그들 147명 모두 벽 앞에서 차례차례 총살됐다. '국민군(파리 코뮌 참가자)의 벽(공동묘지의 남동쪽 벽)'에 당시의 공포를 보여주는 안내판이 있다.

9 **누비아의 사자들**

당시 샤토 도 광장이었던 레퓌블릭 광장에 1811년 공학자 피에르–시몽 기라르가 설계한 분수가 설치됐다. 거의 50년 뒤 이 분수는 분해돼 빌레트로 옮겨졌다. 바로 누비아의 사자들 분수다.

10 **아파치의 조언자**

아파치(파리의 젊은 불량배를 그렇게 불렀다)의 세계에는 전설과 영웅이 있다. 1902년 신문들이 파리를 열광시킨 한 살인 사건을 대서특필했다. 사건의 중심에는 큰 입과, 가늘고 긴 눈, 둥근 얼굴과 '황금 투구'라는 별명에 어울리는 곱슬곱슬한 잿빛 금발을 가진 매춘부가 있었다. '황금 투구 또는 사랑의 아파치들'이라는 제목의 멜로드라마가 대로의 무대에서 오랫동안 상연되었다. 이후 1952년에 자크 베케르가 시몬 시뇨레 주연의 불후의 명화 '황금 투구'를 만들었다.

샹젤리제 클레망소

권력의 길

샹젤리제 클레망소 역. 제1차 세계대전의 호랑이(조르주 클레망소 대통령)는 바위 위에 서 있고, 청동 드골 상은 큰 걸음을 내딛고 있으며, 처칠 동상은 평온하게 지팡이를 짚고 있다. 마치 두 세계대전에 바쳐진 교차로 같다.

사실 샹젤리제는 세계대전을 통해 20세기 역사 속으로 들어간다. 1920년 11월 11일, 무명용사의 무덤(개선문에 무명용사의 시신을 매장하는 문제가 논란이 됐었다 -옮긴이)에 대한 집단적인 애도는 결코 끝날 것 같지 않던 프랑스의 정쟁을 종식시켰다. 개선문은 묘지가 됐으며 참호의 공포를 알고 있는 세대(1차 대전 당시 참호전을 기억하는 세대 -옮긴이)에 대한 경의의 장소가 됐다. 이후 어떤 개선 행진도 개선문 아래로 지날 수 없었다. 비탄과 눈물이 군사적 영광을 대체했다.

1940년 9월, 독일 점령군이 샹젤리제 거리를 행진했다. 그들도 신중하게 개선문을 우회했다. 녹회색 군복을 입은 독일군은 기가 꺾인 사람들 사이로 걸어갔다. 그들은 1차 대전 때 프랑스 병사들이 이룬 영원한 평화의 꿈을 가혹하고 잔인하게 짓밟았다.

1944년 8월 26일, 파리지앙들의 환희와 흥분 속에서 드골 장군이 샹젤리제 거리를 지나 콩코드 광장까지 걸었다. 이후 샹젤리제 거리는 커다란 사건을 축하하는 대중의 환희와 동의어가 됐다.

1944년 8월 26일.

그리고 1998년 7월 12일 샹젤리제 거리.

무명용사의 무덤.

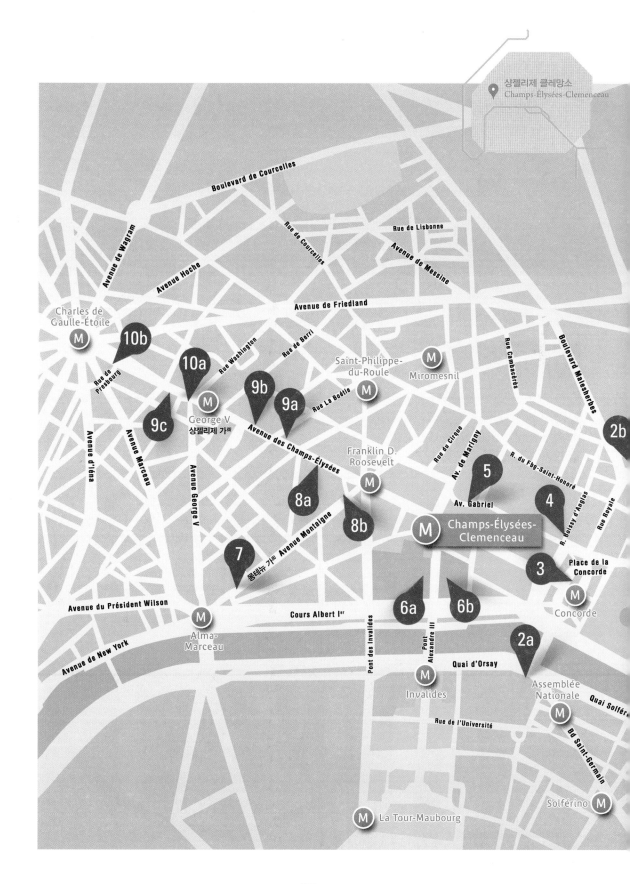

Boulevard de Courcelles

Avenue de Wagram

Rue de Courcelles

Rue de Lisbonne

Avenue de Messine

Avenue Hoche

Avenue de Friedland

Charles de
Gaulle-Étoile

Rue Cambacérès

Boulevard Malesherbes

10b

Rue de Presbourg

10a

Rue Washington

Rue de Berri

Saint-Philippe-
du-Roule

Miromesnil

9c

George V
샹젤리제 가[街]

9b

9a

Rue La Boétie

Avenue d'Iéna

Avenue Marceau

Avenue des Champs-Élysées

Franklin D.
Roosevelt

Rue du Cirque

Av. de Marigny

R. du Fbg-Saint-Honoré

2b

Avenue George V

5

R. Boissy d'Anglas

Rue Royale

8a

Av. Gabriel

4

8b

Champs-Élysées-
Clemenceau

7

몽테뉴 가[街] Avenue Montaigne

3

Place de la
Concorde

Avenue du Président Wilson

Cours Albert 1er

6a

6b

Concorde

Alma-
Marceau

Pont des Invalides

Pont Alexandre III

Quai d'Orsay

2a

Avenue de New York

Invalides

Assemblée
Nationale

Quai Solfér

Rue de l'Université

Bd Saint-Germain

Solférino

La Tour-Maubourg

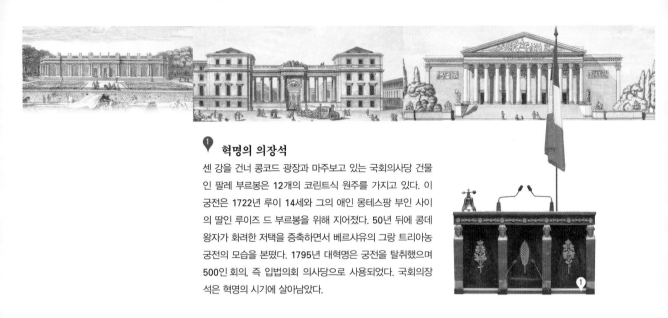

🔴 혁명의 의장석

센 강을 건너 콩코드 광장과 마주보고 있는 국회의사당 건물인 팔레 부르봉은 12개의 코린트식 원주를 가지고 있다. 이 궁전은 1722년 루이 14세와 그의 애인 몽테스팡 부인 사이의 딸인 루이즈 드 부르봉을 위해 지어졌다. 50년 뒤에 콩데 왕자가 화려한 저택을 증축하면서 베르샤유의 그랑 트리아농 궁전의 모습을 본떴다. 1795년 대혁명은 궁전을 탈취했으며 500인 회의, 즉 입법의회 의사당으로 사용되었다. 국회의장석은 혁명의 시기에 살아남았다.

🔵 위대한 군대의 영광

센 강의 반대쪽에는 팔레 부르봉의 원주에 화답하는 마들렌 성당의 코린트식 원주가 대면하듯 서 있다. 이 성당은 나폴레옹 1세가 그의 위대한 군대 병사들에게 경의를 표하기 위해 만들었다.

🔖 어려운 화합(콩코드)

1789년에 콩코드 광장은 혁명 광장으로 불렸다. 18세기에 광장 한복판에 있던 루이 15세 동상은 보네 프리지아를 쓴 자유의 석고상으로 대체되었다. 공포정치가 지나간 1795년, 정부는 시민들의 화합을 위해 그곳을 콩코드 광장이라 이름 지었다. 1800년 자유상은 철거되었다. 15년 뒤 루이 18세는 이 광장에서 단두대의 이슬로 사라진 자기 형을 위한 기념비를 세우고자 했다. 첫 번째 돌을 놓자마자 광장은 루이 16세 광장으로 이름이 바뀌었다. 하지만 공사는 1830년 혁명으로 중단됐고 광장은 제 이름을 되찾아 콩코드 광장이 되었다.

🔖 루이 16세 광장

콩코드 광장에서 오텔 드 크리용 쪽을 보라. 오벨리스크와 브레스트(프랑스 북동부의 항구 도시. 콩코드 광장에는 오벨리스크 외에 8개의 석상이 있는데 각각 프랑스 8대 도시를 의미한다 —옮긴이)를 상징하는 석상 사이에 루이 18세 시대의 낡은 안내판이 있다. 거기에는 아직도 '루이 16세 광장'이라고 씌어 있다. 그 몇 발자국 옆에 루이 16세의 목을 자른 단두대가 설치됐었다.

🔖 대통령의 수탉

콩코드 광장을 뒤로 하고 샹젤리제를 거슬러 올라가다 보면, 안쪽으로 금장을 입힌 수탉이 서 있는 철문을 볼 수 있다. 여기가 엘리제 궁 정문이다. 루이 15세의 정부 퐁파두르 후작 부인의 저택이었던 이곳은 1848년 루이 나폴레옹이 공화국 대통령으로 선출된 이후, 프랑스 대통령궁이 되었다.

그랑 팔레.

⑥ **전쟁과 평화**

그랑 팔레와 프티 팔레는 1900년 만국박람회 당시 교역과 화합의 상징으로 세워졌다. 근처에 장 카르도가 만든 드골 장군과 윈스턴 처칠 동상이 있다. 프랑수아 코녜 작품인 조르주 클레망소의 동상도 자리를 같이 한다.

프티 팔레.

샤를 드골.

조르주 클레망소.

윈스턴 처칠.

📍 7 창작의 중심

몽테뉴 가街 15번지로 잠시 가보지 않을
수 없다. 샹젤리제 극장의 아르데코 양
식 전면부를 볼 수 있다. 1920년 자크
에베르토의 지휘 아래 극장은 예술 창
작의 전위부대가 되었다. 오페라와 발
레, 연극, 콘서트가 뒤를 이었다. 스웨덴
발레가 라벨과 드뷔시, 밀로, 사티의 음
악과 함께 파리를 매료시켰다. 발명과
지혜, 아름다움의 20세기가 여기서 폭
발했다.

📍 8 팔레 드 라 벨

샹젤리제 가街 25번지에는 거물급 러시아 모험가, 파이바 후작 부인의 옛 저택이 있다. 우아한 사
람을 사로잡는 레스토랑과 산책길로 세련된 사교 장소였던 제2제정 시기 샹젤리제의 몇 안 되는
유적이다. 멀지 않은 곳에 있는 오텔 마르셀 다소(아르퀴리알 서점이 입점한)는 20세기의 화려함
과 세련미를 상징하는 또 하나의 사례다.

⑨ 20세기의 증거

샹젤리제에서 20세기 건축의 향수를 찾으라면 56~60번지 버진 메가스토어의 아르데코 건물과, 74~76번지 클라리지의 아르누보 전면부, 103번지의 옛 엘리제 궁(현재는 은행)의 아르누보 전면부를 꼽을 수 있다.

⑩ 새로운 실력자들

2006년 루이뷔통이 101번지의 매장을 리노베이션해 재개장한 뒤 비평가들로부터 '정신 나간 유리창 장식'이라는 비판을 받았다. 그렇든 말든 세계에서 짝퉁이 가장 많은 가방과 핸드백의 진품이 이 매장에서 전시 판매되고 있다. 새로 생기는 133번지의 새 복합쇼핑몰 퓌블리시스에 대해서는 뭐라고 할 것인가. 전형적인 20세기 말 양식인 유리 건물이어서 그나마 덜 난감하다.

라데팡스

원점으로의
귀환

그곳은 아직도 파리이며 이미 더 이상 파리가 아니다. 1
호선 종점 라데팡스 역에서 내리면 바로 공허와 마주하게
된다. 1989년 세워진 '그랑드 아르슈'라는 잘난 체하는 건
축물(큰 아치라는 뜻의 라데팡스 개선문 -옮긴이)에 둘러싸
인 공허다. 지난 세기의 피날레를 장식한 대규모 기념물로
서 파리와 근교를 잇는 세 번째 아치이다.

그럼 내일은? 파리의 좌파 또는 우파 시장들은 끊임없이
문제를 상기시켰다. 21세기는 파리에 비약적인 성장의 시
기가 될 것이다. 바로 '그랑 파리'의 강림이다. 또한 시장
당선자마다 은밀히 미래의 오스만 남작을 꿈꾼다. 혼란스
러운 계획 속에서, 서로 충돌하는 자아 속에서, 모순되는
개념 속에서 한 가지는 확실해졌다. 도시권의 문어발식
확장이다. 외곽순환도로를 넘어 근교의 일부를 흡수함으
로써 과거의 여러 지역들을 사라지게 만드는 것이다.

수도 확장에 따른 운송수단 이용 계획도 세워졌다. 이미
새로 그려진 중심축을 선보였다. 에투알 광장에서 출발해
라데팡스까지 이어지는 샤를 드골 가(街)가 고속도로처럼
뇌이쉬르 센(파리 서부의 근교 도시 -옮긴이)을 관통한다는
계획은 재고되어야 한다.

생태계를 고려한다면 언젠가 아주 자연스럽게 라데팡스
의 전망대까지 초록의 강이 흘러가게 해야 한다. 현 뇌이
쉬르 센 시장이 만든 '주요 축 계획'을 본뜬, 그리고 좀 더
멀게 4개 건설 관련 부처가 만든 미래의 비전에 따른, 탁
월한 삶의 공간이 될 것이다.

서부 근교를 개발하면서 그랑 파리는 고층빌딩의 상업지
구를 편입할 것이다. 그리고 파리는 자연스럽게 서쪽으로
더욱 확대되어 나갈 터다. 라데팡스 바로 뒤의 낭테르까지
파리가 집어삼킬까? 파리는 천천히 원점으로 거슬러 올라
가고 있다. 여러분은 기억할 것이다. 골루아의 뤼테스는
현재 낭테르 일대의 센 강 유역에 있었다는 것을. 21세기
에는 아마도 파리가 뤼테스로 다시 돌아가 2000년 전 골
루아 도시가 처음 생겼던 강 유역을 되찾을 것이다.

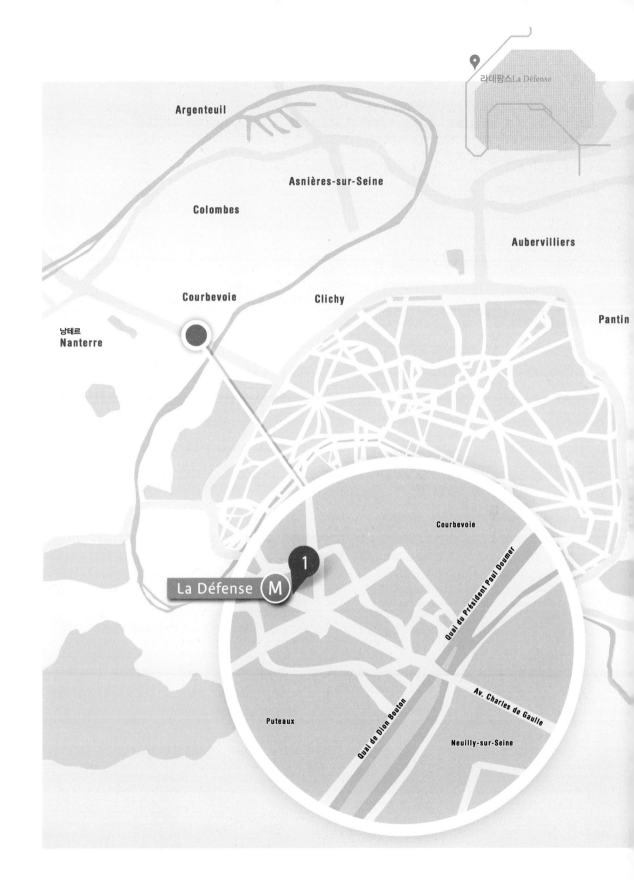

라데팡스La Défense

Argenteuil

Asnières-sur-Seine

Colombes

Aubervilliers

Courbevoie

Clichy

Pantin

낭테르
Nanterre

Courbevoie

Quai du Président Paul Doumer

La Défense M

Puteaux

Quai de Dion Bouton

Av. Charles de Gaulle

Neuilly-sur-Seine

🔘 라데팡스 동상

개선문을 향해 서면 광장 한 구석에, 새로 지은 건물들 사이에 가려진 라데팡스 동상을 볼 수 있다. 이 동상은 1870년 프로이센의 침략에 맞서 항거한 파리 시민들을 기념하기 위해 1883년에 만들어졌다. 파리를 방어한 사실이 이 지역의 이름이 됐다.

옮긴이 **이훈범**

성균관대학교를 졸업하고 파리 10대학에서 불문학 박사 과정을 공부했다. 1989년 중앙일보에 입사해
사회부·국제부·문화부·정치부 등에서 기자 생활을 했다. 파리 특파원과 논설위원, 문화스포츠 에디터
를 거쳐 현재 국제부장으로 근무하고 있다. 동서양 고전 읽기를 즐기고 역사 속 골목길을 헤매며 선인에
게 지혜를 구하는 매력에 빠져 있다. 중앙일보에 〈이훈범의 시시각각〉과 〈이훈범의 세상사 편력〉 등 칼
럼을 연재했다. 현재 중앙SUNDAY 〈이훈범의 세상탐사〉로 독자와 소통한다.

지하철 타고 시간여행을 떠난다
파리 역사기행

초판 1쇄 2013년 6월 25일

지은이 | 로랑 도이치
옮긴이 | 이훈범

발행인 | 김우석
제작총괄 | 손장환
편집장 | 이정아
책임편집 | 이미종
저작권 | 안수진
마케팅 | 김동현 신영병 김용호 이진규
제작 | 김훈일 박자윤 임정호
홍보 | 이효정

디자인 | 노희영(반하나프로젝트)
교열 | 전경서
인쇄 | 미래프린팅

발행처 | 중앙북스(주) www.joongangbooks.co.kr
등록 | 2007년 2월 13일 제2-4561호
주소 | (121-904) 서울시 마포구 상암동 상암디지털미디어시티 1651번지 상암 DMCC 20층

구입문의 | 1588-0950
내용문의 | (02)2031-1368
팩스 | (02)2031-1398
홈페이지 | www.joongangbooks.co.kr
페이스북 | www.facebook.com/hellojbooks

ISBN 978-89-278-0452-9 04920
ISBN 978-89-278-0433-8 04920(set)
값 16,800원